As quatro faces do amor

Miguel Uchôa

As quatro faces do amor

Descubra o segredo para uma surpreendente vida a dois

THOMAS NELSON
BRASIL

Rio de Janeiro, 2017

HarperCollins PUBLISHERS Since 1817

As citações bíblicas são da *Nova Versão Internacional*,
a menos que seja especificada outra versão da Bíblia Sagrada.

Os pontos de vista desta obra são de responsabilidade de seus autores, não refletindo necessariamente a posição da Thomas Nelson Brasil, da HarperCollins Christian Publishing ou de sua equipe editorial.

Publisher	*Omar de Souza*
Gerente editorial	*Samuel Coto*
Editor	*André Lodos Tangerino*
Assistente editorial	*Bruna Gomes*
Copidesque	*Fátima Fuini*
Revisão	*Giuliana Castorino*
Capa	*Rafael Brum*
Diagramação	*Julio Fado*

CIP-BRASIL. CATALOGAÇÃO NA FONTE
SINDICATO NACIONAL DOS EDITORES DE LIVROS, RJ

U19q

Uchôa, Miguel

As quatro faces do amor : descubra o segredo para uma surpreendente vida a dois / Miguel Uchôa. -1. ed. -Rio de Janeiro : Thomas Nelson Brasil, 2017.

192p.; 23cm.

ISBN 9788578601515

1. Casamento -Aspectos religiosos -Cristianismo. 2. Vida cristã. I. Título.

17-44799 CDD: 248.4
CDU: 27-584

Rua da Quitanda, 86, sala 218 - Centro
Rio de Janeiro - RJ - CEP 20091-005
Tel.: (21) 3175-1030
www.thomasnelson.com.br

Agradecimento

Àquele que, em tudo, demonstrou amor para com todos.

Dedicatória

À Valéria,
minha sempre amante, amiga,
irmã e próxima em todos os momentos.

Sumário

Recomendações para o livro

Espetacular e imperdível abordagem das quatro faces do amor conjugal. Desde o primeiro momento fiquei encantado com a ideia e com a sua execução. Ler *As quatro faces do amor* é um dos passos mais importantes para sua visão e sua compreensão do casamento se tornarem mais completas e abrangentes. Este é um livro sublime e profundo, que trata as diferentes dimensões do amor de modo bíblico e sábio, podendo trazer forte impacto positivo nos relacionamentos e no estudo e compreensão do tema.

William Douglas
juiz federal, professor e escritor, autor dos livros:
As 25 leis bíblicas do sucesso, *Formigas* e
O Poder dos Dez Mandamentos

Agradeço a Deus pela vida do meu irmão Miguel Uchôa e quero parabenizá-lo por este novo livro, que, certamente, trará orientação a muitos casais para que o propósito de Deus seja cumprido, revelando a sua vontade. Tenho presenciado no dia a dia conflitos conjugais decorrentes do desconhecimento do verdadeiro amor. O Bispo Miguel esclarece no seu livro pontos fundamentais para um relacionamento na presença de Deus. Indico a leitura do livro e com certeza terei mais um instrumento a ser utilizado no meu dia a dia.

Dr. Vicente Filizola
médico psiquiatra, terapeuta e palestrante

Bispo Miguel Uchôa escreve um livro verdadeiramente necessário para todos nós que buscamos amar uns aos outros e, em especial, nossos cônjuges, com um amor que glorifique a Deus e abençoe o outro. Recomendo esta leitura com entusiasmo.

Rev. Dr. Elias Dantas
Fundador e facilitador internacional do Global Kingdom Network,
diretor executivo para relacionamentos
internacionais do King's College, Nova York

Fui extremamente impactado pela leitura deste livro. Em tempos de relativização da família e de relacionamentos marcados pelo utilitarismo, Miguel Uchôa nos presenteia com um texto que produz reflexão e nos leva a desejar para o nosso casamento tudo o que aqui é ensinado de maneira simples e profunda. Recomendo a leitura a todos os que estão casados ou desejam um dia viver a dádiva do matrimônio, pois trata-se de um manancial de instrução divina para a edificação de casamentos plenos e duradouros.

Sérgio Queiroz
Pastor da Igreja Batista Cidade Viva,
pensador e autor dos livros *Gloriosas Ruínas* e *Igrejas que transformam o Brasil*

Prefácio

É capaz que, à primeira vista, alguém questione: No casamento há espaço para vários amores? Como isso seria possível? É exatamente essa a resposta que nos será dada pelo autor, Miguel Uchôa, ao longo desta obra magistral, singular, escrita com genialidade, profundidade e fundamentação bíblica, e de agradável leitura, permeada com reflexões, testemunhos, poesias e documentação. Uma obra prima, agora em mãos da comunidade evangélica brasileira e do público em geral, assim espero, face aos preciosos conteúdos do livro que em muito ultrapassam os limites do estritamente religioso. O casamento é um assunto geral. Todos temos vínculos familiares e compromisso com o casamento e a família segundo os propósitos eternos de Deus.

Conheço o autor há bastante tempo. Tempo suficiente para me sentir extremamente honrado com o convite feito para prefaciar sua obra. Não me sinto à altura, mas como dizer não? Missão impossível! Miguel Uchôa é ministro anglicano, homem de Deus, comprometido integralmente com os valores e as verdades de Deus e com tudo que seja pertinente ao seu Reino. Homem de testemunho exemplar, de humildade notória, de livre trânsito entre os mais diversos segmentos da Igreja Evangélica Brasileira, sobretudo entre a sua liderança. Culto e piedoso. Servo e amigo. Sua conduta como marido e pai, ao lado da sua querida esposa, Valéria, com quem está casado há quase três décadas, numa relação saudável e profícua, lhe confere total credenciamento para escrever esta obra. Aliás, o livro todo é um testemunho vivo de seu próprio matrimônio; é um homem bem casado e muito feliz. Portanto, trata-se de uma obra inspiradora.

No primeiro capítulo, O amor nas Escrituras, o autor chama a atenção para o fato de que a Bíblia Sagrada é uma linda e grande carta de amor escrita por Deus. Ao longo dos livros que compõem o Antigo Testamento, da narrativa da Criação, no Pentateuco, aos livros Históricos, Poéticos e Proféticos, o coração amoroso de Deus está manifesto de diferentes formas e experiências, exalando graça e misericórdia em atos de benignidade tanto para com a obra que Ele criou como para com a sua mais excelente criação: o ser humano. Portanto, o amor torna-se a maior marca e definição do próprio Deus, inclusive para com o povo que escolheu e a quem chamou de seu, e por meio do qual a história da salvação começou a ser escrita. Como bem afirma o autor Miguel Uchôa: "Deus é um Deus de AMOR".

A centralidade do amor se constitui também na essência da mensagem do Novo Testamento. Aliás, é exatamente aqui, especialmente por meio das narrativas dos evangelhos, que a mensagem do amor na Bíblia alcança sua maior importância e significado, por ocasião do nascimento, ministério, paixão, morte e ressurreição de Jesus Cristo. Se a Bíblia Sagrada é uma carta de amor escrita por Deus, Jesus Cristo é a encarnação desse amor. É a revelação plena do coração amoroso de Deus. Os escritos de Paulo e dos demais autores do Novo Testamento, culminado com o desfecho dramático do Apocalipse, são todos igualmente um testemunho da verdade, da presença e da manifestação do amor de Deus, no cuidado com a sua Igreja e com seus filhos. Quanto mais nos aproximamos do texto bíblico, mais intensamente sentimos o aroma suave do amor de Deus. "O amor está em todas as páginas da Bíblia", lembra-nos Miguel Uchôa, o que é uma grande verdade.

Contudo, prezado leitor, a grande contribuição da obra de Miguel Uchôa foi trazer para os espaços do casamento não somente uma reflexão sobre a verdade e a supremacia do amor, mas também, e especialmente, chamar a atenção para a pluralidade do amor na dinâmica da vida conjugal, daí o surpreendente título: *As quatro faces do amor*. As diferentes formas do amor se manifestar foram abordadas pelo autor ao longo de todo o livro, como condição indispensável para um casamento sólido e saudável, resistente ao tempo e aos contratempos. O autor trata da complexidade da convivência a dois com maestria, poesia e profundidade. Demonstra que o amor que justifica, fortalece e sustenta a vida conjugal não é um mero sentimento, mas uma arte a ser aprendida e praticada no cotidiano da vida a dois. De igual modo, ele chama a atenção para a verdade de que nosso cônjuge é muito mais do que apenas um parceiro(a), alguém em nossa mesa, nossa cama ou nos corredores da casa. O cônjuge se reveste de um significado sagrado e bem abrangente. Na verdade, o livro é um convite para lançarmos a ele novo olhar, diferente e ampliado pelas lentes revolucionárias do amor, que nos fazem enxergar a necessidade de amar a mesma pessoa com a pluralidade dos amores indispensáveis ao casamento segundo o propósito de Deus. É exatamente aqui que o livro se reveste de um caráter singular e se apresenta como um excelente instrumento de auxílio para todos que se esforçam para ter um casamento saudável e feliz; ao mesmo tempo, será muito útil também para os que lidam com casais em crise, na condição de conselheiros matrimoniais, pastores e ministros de famílias em nossas igrejas; bem como para todos os demais que amam e entendem que o casamento é um santo projeto de Deus voltado, entre outras coisas, para a potencialização da felicidade humana por meio da experiência do amor. De diferentes amores!

Se o amor é plural, quais são as principais manifestações apresentadas pelo autor? Como inserir e vivenciá-las na experiência conjugal? De maneira cuidadosa e enriquecedora, cada capítulo do livro aborda o amor não apenas como linguagem, mas, essencialmente, como quatro expressões concretas no contexto das vivências do casal, indispensáveis para a saúde e a vitalidade do casamento, a saber: amor Philia, amor Storgé, amor Eros e amor Ágape. Ao fim, num fechamento especial, tratará das limitações humanas em colocar em prática tantas formas de amor e nos dará conselhos de como superar esses limites e fortalecer o casamento por meio de uma nova linguagem, semeando palavras de ordem e proclamando o alvorecer de um novo tempo conjugal.

Como viver um relacionamento saudável sem fundamentos sólidos? Impossível. Pois bem, essa é a principal virtude do amor Philia, isto é, amor-amizade: fortalecer o casamento pelos vínculos de uma amizade verdadeira e resistente ao individualismo egoísta e manipulador. Essa expressão de amor funciona como uma espécie de cimento que une e dá consistência ao casamento, fortalecendo os laços afetivos por meio da lealdade, do respeito, da honra, da fidelidade, do companheirismo, da mutualidade e da dedicação incondicional à pessoa amada. Sua manifestação no casamento representa dizer a quem se ama: você não está só, haja o que houver, conte comigo. Eu estou do seu lado!

No cotidiano da vida conjugal, onde as diferenças são tantas vezes expostas, e até mesmo ameaçadoras, um dos grandes benefícios do amor-amizade é a descoberta e o fortalecimento dos muitos pontos comuns entre o casal, bem mais importante do que se fixar nas diferenças. Esses pontos comuns geralmente estão presentes em áreas como entretenimento, valores pessoais, sentimentos recíprocos, sonhos de vida, fé comum, música, esportes etc., e são de vital importância para que a amizade entre os cônjuges se manifeste e se desenvolva como um amor consciente da importância do outro. Vida a dois é vida compartilhada. É experiência de doação incondicional. Miguel Uchôa, ao longo de todo o segundo capítulo, mostra que a vivência do amor--amizade torna as pessoas casadas mais felizes do que as solteiras, isso porque, no casamento, as amizades verdadeiras tendem a ser mais duradouras e comprometidas com a felicidade e o bem-estar do outro. Essa é uma constatação muito relevante para o projeto de vida a dois. Quando eu faço do meu cônjuge o meu melhor amigo, o casamento passa a ser a maior conquista da minha vida. Um lugar bom de se estar. Um porto seguro. Vale a pena conferir o que o autor descreve como as atitudes que emanam de um amor-amizade e que se revelam fundamentais para a construção de um matrimônio maduro e resistente às ameaças que atentam contra a estabilidade do casamento e a felicidade do casal. São elas: tolerância, atenção, respeito e admiração. Todas estão presentes em uma verdadeira amizade. São manifestações práticas que somente o amor-amizade pode produzir no coração de quem ama e, por isso mesmo, fortalecem os laços conjugais. O amor-amizade é a mais completa experiência humana do amor incondicional, tão bem expresso nos poemas, mas também possível no dia a dia do casal, nos corredores do cotidiano. É uma questão de decisão!

Todavia, a complexidade da vida a dois é bem maior do que se pensa e não se esgota na disposição de duas pessoas caminharem e conviverem juntas em nome de uma bonita, romântica e sólida amizade. É preciso também química. Como bem afirma Miguel Uchôa, "meu cônjuge, meu amante!" Entra em cena uma forma de amor igualmente indispensável à saúde e à felicidade do casal, o amor Eros, a dimensão da sexualidade conjugal. É importante ressaltar que esse tipo de amor não pode ser confinado nos limites do sexo pelo sexo. Não é apenas uma questão de atração física, muito embora ela seja um dos componentes presentes e essencialmente indicadores dessa forma de amar. Gosto quando o autor identifica esse sentimento como amor-apaixonado, porque envolve não apenas um desejo, mas a pessoa por quem esse desejo aflora; é ela quem confere ao Eros um significado além do simplesmente físico, ou seja, que faz com que o desejo não seja um fim em si mesmo, mas parte de um sentimento e uma atração entre pessoas que se amam apaixonadamente. Portanto, na língua grega, Eros é o amor físico, da carícia e da relação sexual.

Ainda tratado com certo tabu no meio cristão-evangélico, o Eros é presença indispensável para a manutenção de um casamento saudável. Faz parte do projeto de Deus para o casamento, quando homens e mulheres são atraídos pela chamada "química do amor", sendo por Ele santificado desde o Éden. O autor nos mostra com muita propriedade que o Eros está presente nas páginas da Bíblia, sobretudo em algumas narrativas do Antigo Testamento, a exemplo de Isaque e Rebeca (Gênesis 24:25), e nos poemas densamente eróticos contidos no livro de Cântico dos Cânticos. Portanto, não faz sentido negá-lo nem concebê-lo como algo sujo ou pecaminoso.

No quarto capítulo deste maravilhoso livro, Miguel Uchôa introduz uma abordagem fascinante que envolve o amor conjugal a partir de uma palavra grega chamada Storgé, para muitos um vocábulo ainda desconhecido. Storgé é utilizada em nossa língua para exprimir o amor como afeição, estima, afeto, desinteresse, humildade e sacrifício. É uma forma de amor que se desenvolve no contexto da família, um amor doméstico e comunitário, mas também com todas as implicações que envolvem diferentes laços familiares criados pelo casamento. O autor afirma: "Meu cônjuge, minha família!" A afeição pode ser identificada como aconchego, carinho sem esperar nada em troca, ou mesmo, estima por alguém com quem não se tem muita coisa em comum ou atrativos que justifiquem o sentimento e a presença.

Sabemos que família é tanto uma ideia como um projeto de Deus. Ela nasce da aliança entre um homem e uma mulher e suas ramificações podem ser imensas a partir de duas realidades: o nascimento dos filhos e a junção dos membros das duas famílias reunidas por meio do casamento. Isso implica muita complexidade por conta dos múltiplos relacionamentos e interesses que surgem desta união. A relação conjugal e as relações familiares são, às vezes, muito complexas e desafiadoras. São pessoas diferentes que decidem morar juntas e que também precisam conviver com outras pessoas igualmente diferentes. A grande manifestação do amor Storgé se dá na superação das diferenças pessoais de tal maneira que o sentimento verdadeiro pela pessoa amada não seja sufocado pelas diferenças existentes entre elas; pelo contrário, a presença desse amor vai construindo pontes entre abismos criados pelas diferenças, por isso mesmo ele é tido como um amor sacrificial, para além das nossas próprias conveniências. Um amor sem barreiras. Reconhecer o valor do cônjuge e nutrir o casamento com atitudes constantes que expressem esse reconhecimento, é fundamental para a sobrevivência do casal e a solidez do relacionamento. É somente a presença do amor Storgé que justifica e possibilita a máxima matrimonial: "Quando as diferenças se casam" ou, ainda, "Somos diferentes, mas é por isso que amo tanto você".

O que, de fato, é imprescindível para um casamento ideal, à prova de infidelidade, tédio e divórcio? O que falta a um casamento fundado numa sólida amizade, fortalecido por saudáveis laços familiares e alimentado por uma forte atração sexual? Tudo isso seria o suficiente para manter um casamento vivo ao longo dos anos? Certamente que não! Muito embora todos esses indicadores sejam relevantes e necessários, eles não são infalíveis. O casamento precisa de algo mais. De outro tipo de amor porque Philia, Eros e Storgé não se bastam. Têm seus limites. Algum dia, a amizade pode romper, o desejo acabar e a afeição desaparecer. O que, então, é necessário? Para ser vivo, realmente duradouro, saudável e espaço da felicidade humana, o casamento precisa de Deus, dos princípios de Deus em suas entranhas e em todos os seus fundamentos. O casamento precisa do amor Ágape. É com essa magistral declaração que Miguel Uchôa inicia o seu último capítulo e começa a conclusão de seu precioso livro.

O amor Ágape é o amor de Deus. Somente uma criatura que nasceu de novo em Cristo poderá entender, experimentar e praticar esse amor, ainda mais em seu casamento. Ele tem algumas características impossíveis de serem assimiladas pelo coração humano face à nossa natureza caída por causa do pecado. Mas a presença do Espírito Santo em nós, depois da conversão e regeneração, nos possibilita vivenciá-lo com a ajuda da graça de Deus. Sem ele, somos naturalmente egoístas, manipuladores, opressores, interesseiros, carnais, limitados, e o amor Ágape é divino, incondicional, puro, altruísta, perfeito, imbatível, infindo. Foi em Jesus Cristo, seu filho amado, que Deus demonstrou o Ágape em sua plenitude. "Porque Deus amou tanto o mundo que deu seu único filho". É a máxima demonstração de doação e incondicionalidade. Simplesmente amou. Totalmente amou. Convido você a conferir essas verdades do Ágape enaltecidas pelo autor e exemplificadas a partir da ontológica poesia sobre o amor escrita na primeira carta de Paulo aos Coríntios, capítulo treze. Não existe na história da literatura mundial algo semelhante. Nem jamais existirá!

É o amor do "ainda que..." Que é paciente e produz o bem. Que não é invejoso nem adoecido pelo ciúme. Também não é arrogante e nem se vangloria de si. Não machuca a pessoa amada nem a humilha a partir de um orgulho carnal. Não se lembra primeiro de si e não se exaspera em meio às adversidades. Não guarda rancor quando a pessoa amada falha e tampouco lhe trata com indecência. Não se esconde da verdade e nem prática a mentira. Jamais ameaça ir embora só porque tudo está muito difícil. Sendo o amor que nasce no coração de Deus, é incondicional e não tem prazo de validade. Por isso mesmo, tudo espera, tudo crê, tudo suporta. Quando esse amor entra em nosso casamento por meio da presença de Jesus Cristo, estamos protegidos do caos, das ameaças conjugais e podemos vivenciar um casamento realmente vivo e sólido, conforme o idealizado por Deus.

Parabéns, prezado leitor, por ter em mãos uma preciosidade da literatura cristã contemporânea. Um misto de sermões em série, reflexões sobre os amores e um manual eficiente sobre a saúde e a sobrevivência do casamento. Não importam muitos os títulos que se queira dar porque nenhum deles é suficiente para mostrar a profundidade e o valor dessa obra valorosa do bispo Miguel Uchôa. A obra é maior que todos eles, e a providência divina a colocou em suas mãos. Não somente leia, mas deguste-a como quem se debruça sobre algo de sabor incomparável. Reflita, pondere e aprofunde-se nela, como quem descobre um tesouro de grande valor, mas, principalmente, coloque em prática seus ensinos sobre os diferentes tipos de amor aqui relacionados, para dar ao seu casamento o valor que lhe é devido, reconhecer no seu cônjuge a pessoa mais importante da sua vida e saber que Deus, o idealizador do casamento e da família, fonte eterna e única do amor Ágape, quer ajudar você a tornar o seu casamento uma experiência linda e feliz, sua casa um lugar de paz e felicidade e sua família seu maior tesouro, sabe por quê? Porque o casamento é uma união sagrada e pode ser vivido por muitos e muitos anos, ao lado de uma mesma pessoa, alimentado com diferentes amores. Que não lhe falte no casamento o amor-amizade, o Philia, como elo de fortalecimento; o amor-paixão, o Eros, como química do santo desejo; o amor-afeição, o Storgé, que supera as diferenças na família; mas, sobretudo, que jamais lhe falte o amor-incondicional, o Ágape, a presença de Deus no seu casamento. Boa leitura!

Estevam Fernandes de Oliveira

Pastor da Primeira Igreja Batista de João Pessoa
nos últimos 40 anos, psicólogo clínico, sociólogo
e historiador. Autor dos livros O *espetáculo do Sagrado*,
Conversão ou adesão?, *O novo rosto do
protestantismo brasileiro* e *Quando vem a brisa.*

Introdução

Faz alguns anos, recebi o convite de um grande amigo para celebrar o culto em ação de graças pelos seus sessenta anos de casamento, bodas de diamante. Aceitei o convite com alegria, tendo em vista o amor e o carinho que possuo por este casal.

Ao preparar a mensagem que traria naquele culto especial, detive-me um pouco para meditar no significado de sessenta anos de vida matrimonial. Iniciei fazendo cálculos. Sessenta anos equivalem a 21.915 noites; isso significa que aquela fantástica dupla acordou junta praticamente 21.915 vezes, estivessem de bom ou mau humor, "na alegria ou na tristeza", "na saúde ou na doença", bem como diante de toda sorte de dificuldades e obstáculos que duas pessoas precisam estar dispostas a vencer caso desejem que sua relação sobreviva por um período tão extenso.

Concluí que um relacionamento tão duradouro como aquele existe única e exclusivamente por causa de uma palavra chamada "amor". Sim, não há possibilidade de ser diferente. Ninguém por si mesmo aguenta tamanho desafio de desejar, suportar e estar ao lado da mesma pessoa por 21.915 dias consecutivos.

Porém, é preciso entender o que significa tal amor. Creio que ele não tem a ver com paixão. Quem ama já deixou a paixão na estrada, lá no passado, praticamente no início da caminhada. O amor não vive de emoções; pelo contrário: é bem racional e pouco visceral. Quando amo, sei a quem estou amando. A paixão, pelo contrário, imagina estar amando quando, na verdade, conhece pouco o outro.

Ninguém ama verdadeiramente sem conhecer o outro, disso tenho convicção, pois sou casado com Valéria desde 1987, e hoje já se vão três décadas em que durmo e acordo diariamente com essa criatura abençoada ao meu lado. Sei que amo Valéria porque a conheço bem, porque sei pelo seu olhar o que ela deseja ou não, e não me atrevo a investir em algo que possa contrariá-la. Se sei do que ela gosta, por que razão faria conscientemente algo que ela não tolera? O amor que conhece o outro retroalimenta esse mesmo amor com suas atitudes. Embora essa afirmação pareça lógica, não é o que vejo nos relacionamentos com a frequência que seria esperada.

Depois de ouvir, ler, escrever e perceber que o ser humano é uma criatura, por natureza, decaída, egoísta e que pensa no que é seu antes de considerar o coletivo; depois de tantos anos acompanhando casais que se amam, mas que, por falta de ajuda, acabam se separando, ou que, por causa de ajuda mal-orientada, insistem em viver numa guerra, concluí que, por si mesmo, esse ser humano não consegue partilhar a vida com outro alguém sem que o amor faça parte de sua jornada de maneira consciente, intensa e prioritária.

Talvez você possa questionar-me: "mas os casamentos não pressupõem o amor, não celebram o amor e não dependem do amor?". Para responder a isso, teremos de entrar no campo do real e do ideal. Se falarmos do ideal, sim é verdade. Casamento tem tudo a ver com amor. Mas se falarmos do real, em boa parte dos casamentos da atualidade, uniões matrimoniais de pessoas que você e eu conhecemos, estamos longe de celebrar conscientemente o amor.

Digo isso porque percebo que boa parte dos relacionamentos se satisfaz apenas com um tipo de elo que está ainda longe de ser a celebração do amor em sua real intensidade. Buscam se satisfazer apenas com uma fatia desse bolo chamado amor, quando poderiam saborear o prato inteiro ao longo da vida.

Quantas vezes você ouviu, direta ou indiretamente, as seguintes frases ditas por alguém que está rompendo um relacionamento: "Até gosto dela, e gosto muito, mas gosto apenas como amigo" ou "Ele é um bom parceiro na cama, mas falta algo" ou, a mais famosa de todas, "A culpa não é dele, acho que o problema é comigo"? O mal dessas frases, e também dos que as dizem, é ignorarem que o amor real é mais complexo do que simples sensações de bem-estar e felicidade gratuita. Quem deseja usufruir de uma vida matrimonial intensa necessita compreender e exercer o amor em toda complexidade que lhe é própria.

Apesar de sua complexidade, o amor se torna simples quanto mais o conhecemos, tomamos consciência de suas demandas e desejamos partilhar a vida em comum. Quando você encontrar alguém que vive um casamento de muitos anos e é feliz, pode ter certeza de que essa pessoa, ao lado do cônjuge, compreendeu as exigências do amor e se dispôs a atendê-las em sua totalidade.

A igreja que pastoreio possui um programa chamado Momento A2. No primeiro sábado de cada mês, os casais de nossa comunidade se reúnem para uma noite muito especial com dinâmicas e palestras, a fim de ministrar a esses casais e, consequentemente, às suas famílias. Em uma dessas palestras, eu e Valéria decidimos ministrar sobre o amor em sua plenitude: "Os amores do meu casamento". Dessa palestra nasceu este livro, no qual abordo a complexidade do amor, e como ele se expressa nas Sagradas Escrituras, a partir de quatro palavras gregas: Eros, Philia, Storgé e Ágape — que, em português, se traduzem como "amor". Apesar de serem traduzidas da mesma forma, cada uma aborda o amor por um lado específico. A junção de todas essas faces nos dá uma ideia mais exata do que seria o amor verdadeiro em sua plenitude.

Para a nobre e valorosa tarefa de examinar em profundidade as quatro faces do amor, contei com uma ajuda não menos nobre e valorosa. Durante minhas pesquisas, deparei-me com páginas do célebre escritor inglês C. S. Lewis. Ao ler seu livro *Os quatro amores*, fiquei impressionado com sua capacidade de traduzir em letras aquilo que um coração elucubra. Examinando também as quatro palavras gregas que se traduzem por "amor", Lewis revela cada face do amor e como refletem, ao seu modo, o Amor divino. Por se tratar de material tão inestimável, vali-me de alguns pensamentos de Lewis, que registrei ao longo do livro e nas epígrafes de abertura de cada capítulo.

Enquanto Lewis traduziu as palavras gregas tendo em vista sua característica mais premente (com exceção de Eros) — Philia como "Amizade", Storgé como "Afeição" e Ágape como "Caridade" — por minha vez, optei por deixá-las no idioma original, apenas transliterando-as ao nosso alfabeto. Detenho-me em cada um desses termos, aplicando-os ao relacionamento conjugal, dos capítulos 2 a 4.

Quem não conhece todas essas diferentes, porém articuladas, faces do amor, corre grandes riscos ao achar que o casamento depende apenas da realização de um único aspecto — sexualidade, amizade, familiaridade etc. — e pode se dedicar apenas a um deles, negligenciando outras áreas igualmente importantes.

Veremos, porém, que no casamento não podemos amar o outro apenas de uma maneira. O amor verdadeiro preenche todas as necessidades do ser humano. Deus quer que seus filhos vivam a intensidade plena do amor e abandonem toda a expressão caricaturada dele, tão presente no mundo. Não fomos criados para viver a vida incompleta, e o amor só é amor quando expressa em si as marcas da própria divindade. Como veremos no capítulo 1, o amor é uma marca de Deus, e toda a história da humanidade está assinalada pela manifestação desse amor em prol do homem.

Por causa da presença do próprio Deus no amor, podemos ter a certeza de que contaremos com uma ajuda sobrenatural para viver e experimentar esse sentimento de maneira total. Aliás, sem essa ajuda, será impossível alcançar a plenitude amorosa dentro do casamento. Nossa dependência do Espírito Santo é mais do que necessária — é essencial. Sem ele, não há amor de modo algum, pois este é fruto do agir do Espírito em nós. Falarei mais sobre isso na conclusão deste livro.

Embora esse fruto brote em nosso coração por ação exclusiva do Espírito, há uma parte que nos cabe. Como dissemos, o amor é muito mais que um mero sentimento. No relacionamento matrimonial, ele se definirá por aquilo que eu fizer para que este casamento avance e alcance todos os seus propósitos. Por isso, preciso conhecer todas as áreas às quais devo atentar para o florescimento do amor. Tenho procurado ministrar esse assunto o máximo possível, e percebo que, quando um casal compreende esse fato inexorável, as coisas se transformam de maneira perceptível. Alguns expressam seu entusiasmo, dizendo "Como só percebi isso agora?". Há também os que dizem: "Estou vivendo outro casamento com a mesma pessoa". Isso me alegra, pois, o potencial de um casamento funcional e equilibrado é imenso.

Eros, Philia, Storgé e Ágape — essas quatro expressões precisam ser vivenciadas pelos casais que estão celebrando suas bodas de papel, no início de uma jornada a dois, bem como por aqueles que estão nas bodas de ouro ou diamante, já contando muitos quilômetros rodados em parceria. Todos caminham em busca de um amor que, com firmeza, vença as intempéries e permaneça por muito tempo onde foi plantado.

Capítulo 1

Nosso amor-Necessidade por Deus está numa posição diferente, pois nossa necessidade dele nunca acaba nem neste mundo nem em qualquer outro.

Os quatro amores[1]

1

O amor nas Escrituras

Faça uma busca pela palavra "amor" em um aplicativo da Bíblia, uma concordância ou uma chave bíblica. Se você se detetiver, por algum tempo, atentando ao contexto em que essa palavra está inserida, é provável que se surpreenda com o significado que encontrará.

Você verá que a palavra "amor" está espalhada por todas as páginas da Bíblia. Ela se encontra em todas as épocas da história humana, da criação às visões futuras de Apocalipse, nas descrições da nova aliança no Novo Testamento, mas também nas dispensações anteriores do Antigo Testamento. Ela está presente em todas as situações, e de todas as formas possíveis, sendo usada para falar a respeito de famílias, amigos, ídolos, casamento, dinheiro e uma infinidade de assuntos.

Mas de todas as ocorrências em que encontramos a palavra "amor", certamente esta é a mais expressiva: "Quem não ama não conhece a Deus, porque Deus é amor" (1João 4:8).

João é o apóstolo que não poupa palavras para identificar Deus no amor, e o amor em Deus. Um é o outro. Porém, quando a Bíblia diz que Deus é amor, alguns podem ficar intrigados. Afinal, é possível dizer que amamos nossos pais, mas também que amamos um fim de tarde na praia. Da mesma forma, conhecemos pessoas que fazem loucuras em nome de um amor que, aos nossos olhos, assemelha-se mais a um vício. Quando João diz que Deus é amor, a que ele se refere?

Em *Os quatro amores*, C. S. Lewis faz uma distinção que será muito útil para compreendermos esses diferentes usos do amor:

> A primeira distinção que fiz, portanto, foi entre aquilo que denominei amor-Dádiva e amor-Necessidade. Um exemplo típico do amor-Dádiva seria o amor que move um homem a trabalhar, planejar e guardar dinheiro para o futuro bem-estar de sua família, que ele morrerá sem ver ou desfrutar. Um exemplo do segundo amor é aquele que impulsiona uma criança sozinha ou assustada para os braços de sua mãe.[2]

Uma definição clara de amor-Necessidade é o nosso amor por Deus. Precisamos de sua presença e graça em nossa vida, somos carentes de seu cuidado e necessitamos muito de seu perdão. Por sua vez, tudo isso que nos é doado é fruto do mais perfeito amor-Dádiva, aquele que flui do coração do Pai. Ele não precisava de nosso amor, mas assim mesmo, se doou de forma integral na pessoa de seu Filho, para que nosso relacionamento fosse recuperado e recebêssemos a salvação da qual jamais fomos merecedores.

Dessa forma, entendo o amor como a expressão do desejo pelo melhor em prol do outro, como a busca pelo final feliz para o objeto de nosso amor. Podemos, portanto, entender que, em tudo, Deus sempre mostrou que suas ações são feitas a fim de que, no fim, o maior beneficiário seja você e eu, os alvos do amor divino.

Essa dinâmica de necessidade-dádiva entre os homens e Deus existe desde a criação do ser humano e atravessou toda a história da humanidade, chegando até hoje, quando você lê essas palavras. Em todas as eras, Deus se doou por amor, sem que o homem nunca merecesse. Às vezes, consideramos que a demonstração do amor de Deus se deu somente na cruz. Todavia, essa foi *uma* de suas muitas manifestações, se bem que a mais poderosa de todas.

Creio que muitos pensam dessa forma porque, apesar de toda a sua força, o amor-Dádiva nem sempre é compreendido no exato momento em que se revela. Talvez seja por isso que as manifestações do amor de Deus durante a história tenham passado despercebidas por muitos. Afinal, se ele é amor, toda a sua atuação no correr do tempo foi amorosa, e não apenas quando veio ao mundo como homem e morreu na cruz.

Quero, então, caminhar com você pelas páginas das Escrituras a fim de vermos como foi doado, de fato, o amor-Dádiva em cada ato de Deus pela humanidade. Assim veremos como Deus é amor.

O amor-Dádiva no ato da criação

A história do nosso mundo é inaugurada com as seguintes palavras:

> No princípio Deus criou os céus e a terra. Era a terra sem forma e vazia; trevas cobriam a face do abismo, e o Espírito de Deus se movia sobre a face das águas. Disse Deus: "Haja luz", e houve luz. (Gênesis 1:1-3)

Ora, reflita nessas palavras. Perceba que Deus, na pessoa do Espírito, "se movia sobre a face das águas". Ou seja, ele estava presente aqui, no mundo recém-criado. Não temos, portanto, um Deus alheio ao que cria, mas que se move *em meio* à sua criação.

Se isso não fosse o bastante, vemos na sequência que, em um gesto de amor, em uma atitude de altruísmo, o Criador conclui que o que foi feito ainda não estava bom. Dessa forma, ele foi amorosamente criando cada elemento do mundo — luz, céus, mares. Poderia ter feito tudo de uma única vez, dizendo: "Haja mundo", e o mundo viria a existir de forma igualmente perfeita. Contudo, estamos falando de um Deus que é amor, não pragmatismo. Sendo assim, a criação manifesta seu amor-Dádiva, pois requer seu tempo, sua apreciação diária das coisas criadas, seu envolvimento com cada etapa. Ele se doa em seu poder criativo, imprimindo um pouco de si mesmo em cada coisa que faz:

> Os céus declaram a glória de Deus; o firmamento proclama as obras das suas mãos. [...] Nos céus ele armou uma tenda para o sol, que é como um noivo que sai de seu aposento e se lança em sua carreira com a alegria de um herói. Sai de uma extremidade dos céus e faz o seu trajeto até a outra: nada escapa ao seu calor. (Salmos 19:1,4b-6)

Ele decidiu criar tudo isso para o seu prazer. Não só amou, mas também desejou receber o amor de suas criaturas. Assim, a criação é um ato de amor completo e, ao mesmo tempo, é dádiva de vida e reconhecimento de que nada se basta sozinho.

Perceba também que o ato da criação desperta alegria em Deus. A narrativa bíblica vai demonstrando, a cada dia, a satisfação dele: "e Deus viu que ficou bom" (v. 4,9,12,18,21,25), alcançando o ápice no último dia, quando "viu tudo o que havia feito, e tudo havia ficado muito bom" (v. 31).

Cada uma dessas ocorrências em cada ato da criação me lembra uma gestante que, após o parto, ainda sem poder ver a pequena criatura que gerou, questiona, numa expressão de expectativa amorosa: "Como ele é?". A mãe gestou aquela vida por nove meses, e o momento em que "sua" criação vem à luz é um momento de êxtase. Deus nos gestou desde a eternidade, isso me faz entender que sua alegria foi ainda maior quando, no ato amoroso da criação, veio à luz a vida humana, sua própria imagem e semelhança.

O amor-Dádiva na Antiga Aliança

Na sequência da narrativa das Escrituras, observamos um amor insistente de Deus para com essa obra-prima da criação, o ser humano. Logo após o homem pecar, declarando por meio de atitudes que não necessitava do amor de Deus, e que se bastava por si só, o amor-Dádiva continuou a fluir, por meio de uma promessa e uma provisão:

> Porei inimizade entre você e a mulher, entre a sua descendência e o descendente dela; este lhe ferirá a cabeça, e você lhe ferirá o calcanhar. (Gênesis 3:15)

> O Senhor Deus fez roupas de pele e com elas vestiu Adão e sua mulher. (v. 21)

Por meio da promessa, o Senhor já indica que o relacionamento quebrado seria restaurado. E com a provisão, ele não permitiu que suas duas imagens e semelhanças permanecessem no estado de vergonha em que se encontravam, mas fossem pouco a pouco restaurados por seu toque de amor.

O ato subsequente de expulsar Adão e Eva do paraíso, ato este que constituía um castigo, foi também uma manifestação do amor. Ora, a árvore da Vida permanecia lá, no jardim. Se comessem de seu fruto, homem e mulher estariam condenados a viver eternamente distantes do Criador, sem jamais experimentar uma vida plena, pois é apenas em Deus que encontramos plenitude de vida (João 10:10).

Quando prestamos atenção às entrelinhas do texto-bíblico, encontramos o amor-Dádiva em seu brilho total, doando-se mesmo após ter recebido ingratidão. Ele não poderia abandonar o homem e deixá-lo tentar ser feliz sozinho, porque sabia que não poderiam alcançar alegria e experimentar amor sem que o amor-Dádiva estivesse presente em sua vida.

Não é sem motivo que a Bíblia fala em diferentes momentos sobre o amor de Deus para com o ser humano, usando uma expressão profundamente tocante: "menina dos olhos". Estas duas passagens bíblicas se referem ao ser humano, assim, com preciosidade:

> Protege-me como à menina dos teus olhos; esconde-me à sombra das tuas asas. (Salmos 17:8)

> Porque assim diz o SENHOR dos Exércitos: "Ele me enviou para buscar a sua glória entre as nações que saquearam vocês, porque todo o que tocar em vocês, toca na menina dos olhos dele". (Zacarias 2:8)

A "menina dos olhos" é uma metáfora para a pupila, a única parte do nosso corpo que reflete aquilo que está diante de nós. Ao chamar o homem de menina dos seus olhos, Deus atesta que o homem é um reflexo seu, em miniatura e que, portanto, será sempre alvo do seu cuidado. Dessa forma, cada página do Livro Sagrado tem um toque carinhoso das mãos de Deus para com sua criação maior. Vejamos alguns.

Os livros conhecidos como "livros da Lei" são os cinco primeiros da Bíblia que formam o Pentateuco. Já vimos um pouco do Gênesis, que registrou a criação amorosa de Deus. Além disso, podemos perceber nesse livro o cuidado divino quanto ao relacionamento com duas famílias especiais: a de Noé e a de Abraão. A Bíblia diz que Noé "encontrou graça aos olhos do SENHOR" (Gênesis 6:8, ARC), em outras palavras "A Noé o SENHOR mostrou benevolência" (NVI). Noé não era diferente de seus contemporâneos; também era pecador. Porém, Deus, por amor, demonstrou-lhe a graça de que Noé carecia (Romanos 3:23) e que lhe permitiu andar com o Senhor e ser "justo, íntegro entre o povo de sua época" (Gênesis 6:9). Assim, por amorosa graça, Deus poupou a família de Noé do dilúvio e a escolheu como a nova formadora da raça humana.

Mais adiante, podemos ver seu amor agindo na aliança que estabeleceu com Abraão, escolhido, dentre as muitas pessoas que viviam na terra, para ter um relacionamento inédito com o Senhor. Esse homem, por si só, bem como seus familiares, não tinha nada de especial, porque também adorava a ídolos (Josué 24:2), mas em amor, Deus o chamou, já idoso, para iniciar uma família que seria fonte de bênção a todas as famílias da terra (Gênesis 12:3). Por meio de sua linhagem, o Filho se tornaria carne e traria salvação ao mundo. Esse mesmo amor se estendeu a Isaque e a Jacó que, mesmo vivendo em terras estrangeiras, encontraram graça entre todos os povos.

Foi também o amor de Deus que literalmente conduziu José do fundo do poço em Dotã (37:24) à posição de primeiro-ministro do Egito (45:8), para que, por meio dele, a descendência de Israel fosse preservada. Certamente, podemos considerar essa provisão um ato de amor de Deus pelos seus. Eu não escolheria outro verbo para essa ação nem outro substantivo para esse gesto.

O amor se manifestou da mesma forma quando, sob a mão do faraó déspota, Israel se tornou escravo. O livro do Êxodo narra a libertação do povo das "garras faraônicas" após Deus usar estrategicamente Moisés, o príncipe adotivo do Egito, para libertar seu povo sofrido. Dez pragas e muitos outros milagres aconteceram em um intervalo de quarenta anos até que a terra, que manava leite e mel, surgisse diante do povo e lhe fosse entregue como herança. As vitórias do povo para chegar até ela, bem como as punições que receberam por seus pecados, são marcadas pelo superabundante amor de um Deus que conhece as necessidades do seu povo e as atende, ainda que seja preciso, para isso, fazer chover pão do céu.

Foi também o amor de Deus que conduziu Josué a liderar Israel na conquista de Canaã, fazendo secar o leito do rio Jordão para que o povo o atravessasse a pé. Esse amor envolveu uma prostituta que, convertida, abriu a brecha para a derrubada dos muros de Jericó. Esse fato espalhou terror sobre todos os povos que se derretiam diante da chegada de Israel. Cada milagre foi pintado com as fortes cores do amor de Deus.

Uma vez estabelecidos na terra da promessa, o povo continuou a obter grandes provas do amor de Deus. Infelizmente, boa parte delas foi dada de maneira dura, como forma de disciplinar seu povo que, por diversas vezes, achou melhor seguir em frente sem a proteção do amor divino. Porém, o Senhor nunca os abandonou à própria sorte. Com a morte de Josué, veio o vácuo de liderança e, por um bom tempo, o amor de Deus proveu homens e mulheres que atuaram como juízes sobre a terra. Com a paciência de quem ama, Deus viu seu povo abandoná-lo muitas vezes nesse período, e seus gestos de amor — que às vezes incluíam a disciplina de um pai amoroso e responsável — fazia-os retornar a seus braços.

Isso aconteceu até mesmo quando Israel, rejeitando o governo do Senhor, pediu que fosse instituído um rei sobre eles, "para que nos lidere, à semelhança das outras nações" (1Samuel 8:5). Embora soubesse e até afirmasse que estava sendo rejeitado pelos próprios filhos (v. 7), Deus levantou reis que conduziriam seu povo de acordo com seu bom propósito. Desde a pusilanimidade de Saul, passando pela sabedoria de Salomão, até a inexperiência de Josias, Deus mostrou sua face amorosa para com o povo, apesar de seu amor nem sempre ser compreendido e aceito por esses governantes que, muitas vezes, se acharam no direito de ignorar a autoridade do Pai. Porém, sempre que isso acontecia, o amor de Deus se manifestava, seja fazendo-os prosperar, seja disciplinando-os por causa de seus pecados.

Creio que o maior exemplo de sua amorosidade de Pai foi para com Davi, rei valente, mas inconstante. Por desenvolver temor a Deus, foi alvo de sua graça e perdão, apesar das falhas, pois logrou ser chamado homem segundo o coração de Deus (1Samuel 13:14). Podemos dizer que a vida de Davi teve altos e baixos, momentos em que compreendia o amor de Deus de maneira única e espetacular, e outros quando esquecia tudo isso e agia baseado unicamente em seus instintos. Seja como for, vejo um homem que reconheceu suas limitações e fez o caminho de volta a Deus, afirmando: "Os sacrifícios que agradam a Deus são um espírito quebrantado" e certo de que "um coração quebrantado e contrito, ó Deus, não desprezarás" (Salmos 51:17).

Esse e os demais salmos são orações, declarações de seres humanos frágeis que exaltam o amor e a misericórdia de um Deus que abraça, protege, livra e liberta. Esse Deus é cantado como um Pai presente, valente, glorioso. Seu amor atravessa com os seus o vale de trevas e morte, mas também lhes prepara um banquete em sua presença, à vista de seus inimigos.

A mão amorosa de Deus se manifestou irrefutável nas palavras de seus tantos profetas, desde o simples boiadeiro Amós ao lírico e político Isaías; do fugitivo e egoísta Jonas ao sofrido e lamentoso Jeremias. Todos os profetas comunicaram o amor de Deus pelo povo, seus elevados atributos e seu coração misericordioso. Mesmo as duras palavras de condenação terminaram com um convite gracioso e amoroso ao arrependimento, pois o Senhor sabia que, longe dele, seu povo tanto do passado como do futuro, não pode experimentar amor e alegria de maneira plena.

A dureza de coração e a rebeldia do povo lançaram-no ao exílio. Mesmo lá, com amor que depura, que disciplina, amando e disciplinando, Deus agiu a fim de sarar sua nação, dando, mais uma vez, a oportunidade de um recomeço. Afinal, não é o amor que disciplina? Não quem ama que procura sempre dar uma oportunidade de recomeço?

Em meio a anúncios de libertação iminentes, ele revela também a libertação definitiva do reino das trevas que se cumpriria na vinda do Servo Sofredor (Isaías 53), do governante de Israel (Miqueias 5:2), do Filho do Homem que reina eternamente (Daniel 7:13-14).

O amor-Dádiva na Nova Aliança

Quando chegamos à nova aliança, deparamo-nos com a maior expressão de amor que o ser humano jamais conheceu e que nunca será superada. Todas as promessas se cumprem. O Amor se encarna.

Esse Deus que conduziu seu povo até aquele momento, agora revela seu amor como quem quer, a todo custo, ser compreendido. Desta forma, pinta o quadro que jamais poderá ser copiado na história da humanidade, assinado pelo próprio Deus na pessoa de Jesus: "Porque Deus tanto amou o mundo que deu o seu Filho Unigênito, para que todo o que nele crer não pereça, mas tenha a vida eterna" (João 3:16).

Que prova de amor poderá superar essa? Você não irá encontrar. É como se Deus tivesse dito ao homem: "Eu amo tanto você que vou fazer o inimaginável para lhe mostrar isso". Talvez nos acostumemos a essa demonstração de amor, mas não podemos considerá-la normal, cotidiana. Em todas as culturas existentes, jamais se ouviu a história de um deus que tenha se tornado humano. É algo impensável até para os pagãos, pois sabem que os deuses são poderosos demais para habitar em forma humana e sublimes demais para sujarem seus pés com o pó da terra.

Porém, o Deus da Bíblia cruzou essa linha do impossível e fez o que "desde os tempos antigos ninguém ouviu, nenhum ouvido percebeu nem olho viu", a saber, tornar-se um Deus "que trabalha para aqueles que nele esperam" (Isaías 64:4). Deus é único em seu amor por nós e na maneira de demonstrar isso.

Nem eu nem você conseguiríamos fazer algo sequer parecido. Mas Deus não nos pede isso, porque não há necessidade. O que ele deseja é que tenhamos fé de que sua intervenção em nossa história foi, de fato, suficiente, e compreendamos que a imagem de seu Filho pregado na cruz é a maior da história do mundo capaz de demonstrar o amor que esse Deus tem por mim e por você. Trata-se de um amor que transcende todas as áreas de nossa vida, trazendo frescor e fazendo de cada um de nós um oásis de bênçãos em meio à aridez desse deserto chamado sociedade moderna. Assim, no Novo Testamento, entre evangelhos e cartas, ouvimos Deus anunciar bem alto todas as notas do seu amor.

Em cada palavra preservada nos evangelhos, podemos enxergar o carinho de Deus para com sua criação. As mãos de Cristo tocam os imundos, os inválidos, os perdidos e trazem restauração e vida nova, inundada por seu amor divino e eterno. Suas palavras refrescantes oferecem ânimo a um povo cansado e sofrido, dizendo-lhes: "Venham a mim todos os que estão cansados e sobrecarregados, e eu lhes darei descanso" (Mateus 11:28). Que exibição mais doce e irresistível do amor!

O carinho paternal por seus filhos fica evidente ao prometer que não os deixaria órfãos, mas que, durante o tempo em que estaria com o Pai, deixaria seu próprio Espírito para cuidar e direcionar a vida de seus escolhidos (João 14:15-27). Da mesma forma, em sua oração sacerdotal, proferida horas antes de sua morte, o amor flui proficuamente quando Jesus decide interceder mais por seus discípulos do que por si mesmo (João 17).

A narrativa das boas-novas nada mais é do que o amor de Deus que alcança todos os povos. E essa boa notícia se desdobra nas páginas que sucedem os evangelhos.

Em Atos dos Apóstolos, vemos que o amor de Cristo foi o propulsor e principal exemplo da igreja primitiva. Seguindo os passos do seu Mestre, a igreja contava com a simpatia de todo o povo (Atos 2:42), o que incluía aqueles que não faziam parte da comunidade cristã. O amor era tão grande que vazava pelas portas e janelas das casas em que os cristãos se reuniam e alcançava toda a vizinhança.

O evangelista Lucas, que também escreveu o livro de Atos, nos conta em detalhes como Deus cuidou para que o evangelho fosse anunciado em amor, tanto a judeus como a gentios. Ainda que os judeus fossem confrontados com palavras duras, que apontavam que Jesus havia sido morto por suas mãos, as mensagens eram acompanhadas de grandes demonstrações do amor e da graça de Deus, que curava e até ressuscitava pessoas por meio dos apóstolos, promovendo também a libertação espiritual de indivíduos possuídos por espíritos malignos (Atos 3:1-10; 5:12-16; 9:32-43). Convites ao arrependimento e demonstrações de poder eram marcas do amor de Deus estendido aos judeus.

Quanto aos gentios, ou seja, os não judeus, os mesmos sinais de cura, ressurreição e libertação espiritual estavam presentes no ministério de Paulo, Barnabé, Silas, Timóteo e tantos outros que espalharam pelo mundo antigo a Palavra e a boa notícia de salvação. Em cada sermão, esses homens deixavam claro que Deus fazia o bem até mesmo aos gentios, "dando-lhes chuvas do céu e colheitas no tempo certo, concedendo-lhes sustento com fartura e um coração cheio de alegria" (Atos 14:17). Essa e muitas outras afirmações demonstram o gentil agir da mão amorosa de Deus, dando aos homens o que eles não merecem, a fim de que o conheçam. Essa é uma prova incontestável de que há um amor incondicional no coração de Deus.

Nas cartas de Paulo, Pedro e João, que formam o restante do cânon do Novo Testamento, o amor de Deus é visível em cada vírgula, ponto, linha e parágrafo. As exortações dos apóstolos tiveram o mesmo objetivo de seus antepassados, os profetas: levar o povo de Deus a permanecer no amor de Cristo. Ao alertá-los de heresias e falsos mestres, esses irmãos mostravam, à primeira igreja e a nós, que o caminho do amor verdadeiro pode ser encontrando apenas em Jesus e em seus mandamentos. Tudo o que passar disso é pecado e enganação.

Toda a narrativa Bíblica mostra um testemunho do amor que mantém sua promessa apesar do que fazemos. O próprio ato de Deus de nos deixar um registro de sua obra de salvação através dos tempos é uma forte evidência de seu amor. Essa revelação escrita ultrapassa tudo o que podemos conhecer acerca de Deus por meio da criação — o que já dá grande testemunho de sua existência e de seu amor. O Senhor, porém, não se limitou às obras de suas mãos, mas selou seu amor pelo homem ao enviar Jesus Cristo para garantir salvação e vida eterna por meio de sua obra e de sua morte na cruz.

O amor-Dádiva na eternidade

Quando nos aproximamos do final do texto bíblico, encontramos os mistérios da eternidade revelados no Apocalipse. Ainda que muitas simbologias e referências deste livro estejam sujeitas a debate, o amor divino está presente em cada capítulo. O livro em si é uma exibição desse amor que não nos deixa sozinhos, órfãos de referências e sem expectativa de futuro.

Em imagens vibrantes, percebemos a vitória de Cristo sobre toda maldade e impiedade resultantes de vidas que não reconheceram o amor de Deus. Vemos que ele estabelece perpetuamente seu reino onde não haverá mais lágrimas, pois ele mesmo enxugará as que restarem na face de seus filhos (Apocalipse 7:17). Nesse novo reino só haverá espaço para o amor, pois "não haverá mais morte, nem pranto, nem clamor, nem dor; porque já as primeiras coisas são passadas" (21:4).

A figura que conclui o livro é a de uma noiva esperando seu noivo buscá-la para as núpcias, para dias de indizível felicidade e amor entre o novo casal. Nós, a igreja, ocupamos esse papel da noiva que, ao lado do Espírito deixado pelo Noivo, clama: "Vem" (22:17). Com expectativa, ansiamos pela volta de Jesus e pela constituição definitiva de seu reino, que será um banquete eterno de alegria e amor.

Essa é a jornada do amor de Deus em busca de seu alvo principal, o nosso coração. Em cada ato narrado nas Escrituras, vemos o Soberano Senhor se inclinando em direção à terra para derramar seu amor sobre nós e nos fazer conscientes de que, sem ele, não poderemos sobreviver. Porém, isso não é tudo.

Ao sermos alcançados por este amor sublime que nos satisfaz totalmente, podemos ver, de modo miraculoso, nosso amor-Necessidade transformar-se em amor-Dádiva. Podemos amar de maneira plena porque Deus nos amou primeiro (1João 4:19). Creio que não há convívio humano, que se compare ao casamento, em que essa transformação possa ser provada e aprimorada.

O casamento é uma excelente ideia de Deus. Como vimos brevemente agora e veremos em mais detalhes no próximo capítulo, ele mimetiza a união eterna de Jesus e sua noiva, a igreja. Assim, Deus coloca diante do ser humano uma experiência que demanda dele a completude do amor em todas as suas expressões. E esse mesmo Deus, que se mostrou nas Escrituras, irá nos auxiliar a compreender e expressar o amor perfeito dentro dessa relação que ele mesmo criou.

Desse modo, a partir de agora, vamos tratar das quatro faces do amor encontradas e exemplificadas na Bíblia. Veremos como elas, se colocadas em prática, podem realmente fazer fluir de nós o amor-Dádiva e transformar nosso casamento à imagem e semelhança do amor do Filho de Deus por nós.

Capítulo 2

Por outro lado, o Eros faz um homem realmente desejar, não uma mulher, mas uma mulher em particular. De uma maneira misteriosa, mais indiscutível, o amante deseja a mulher Amada, ela mesma, não o prazer que ela pode dar.

Os quatro amores[1]

2

A face Eros
Meu cônjuge, meu amante

A música *Garota de Ipanema*[*] é uma das canções brasileiras mais conhecidas internacionalmente. Milhares de brasileiros sabem de cor a primeira estrofe dessa tão famosa bossa:

> Olha que coisa mais linda
> Mais cheia de graça
> É ela, menina
> Que vem e que passa
> No doce balanço
> A caminho do mar

[*] Canção composta em 1962 por Antônio Carlos Jobim e Vinícius de Moraes.

Vinícius de Moraes, autor da letra, contou que a música foi inspirada numa jovem que passava todo dia em frente a barraquinha que ele e Tom Jobim costumavam tomar sua cerveja. Eles achavam a moça linda demais e ficavam em silêncio, vendo-a caminhar em direção ao mar. Seu gingado e jeito gracioso de andar cativavam toda a atenção dos dois artistas. Depois, ao piano, eles reproduziram, na música, o balanço dos passos da garota de Ipanema.

Essa história ilustra o poder cativante que tem o Eros, o amor que brota dos sentidos — da visão, do tato, do olfato — e exerce potente atração sobre as pessoas. Essa face do amor geralmente se associa à paixão e ao desejo sexual.

Eros é o nome grego do Cupido, conhecido como "deus do amor", o famoso menino que atira flechas no coração das pessoas, fazendo-as se apaixonar umas pelas outras aleatoriamente. Desse mito veio a ideia de que a paixão é um sentimento irracional e, de certa forma, incontrolável.

Outro uso do termo Eros foi feito mais recentemente pelo famoso psicanalista Sigmund Freud. Ele usou essa palavra para definir todos os instintos de sobrevivência do ser humano como indivíduo, e também como espécie. Esses instintos incluem, entre outras coisas, a necessidade de ter prazer e de se reproduzir. Desse uso veio a ideia de que o amor "erótico" — palavra que vem de Eros — é instintivo e quase animalesco.

Esses dois empregos da palavra Eros — dentro do mito do Cupido e da psicanálise de Freud — resumem quase tudo o que se acredita hoje, no senso comum, a respeito dessa face do amor mais ligada à sexualidade. Eros, então, teria a ver com paixão, sensualidade, atração física, impulsos e instinto.

O Eros nas Escrituras

A palavra Eros não aparece nos textos bíblicos originais, embora apareça no texto grego da Septuaginta e tenha sido usada por famosos escritores gregos que viveram aproximadamente no período em que a Bíblia foi escrita. Talvez essa palavra esteja omitida das Escrituras por se relacionar tão fortemente ao nome de um deus grego. Alguém poderia concluir com isso que Deus não aprova essa face do amor, sensorial e apaixonada. Seria possível deduzir que, em vez da prática do Eros, Deus requer apenas a do Ágape, citado no Novo Testamento mais de 250 vezes.

Na verdade, muita gente pensa assim. Existe certo pudor em relacionar a sexualidade do Eros com a vida cristã, chegando-se a negar a ênfase que ele recebe nas Escrituras Sagradas. Para alguns, Deus não tem nada a ver com Eros; esse tipo de amor teria mais sentido em propagandas comerciais de cerveja e em canções que exaltam a sexualidade de maneira explícita e vulgar.

Porém, se entendemos que Deus criou todas as coisas e viu que eram boas — inclusive a atração física que existe entre homem e mulher, macho e fêmea, independentemente do nome que esta atração receba — concluiremos que foi o próprio Senhor quem criou a sexualidade, portanto, ela desempenha um papel importante no relacionamento conjugal. E sendo criação de Deus, Eros não é um fim em si mesmo, mas faz parte de algo maior, do amor verdadeiro que sustenta o casamento por anos. Isso porque, apesar de se concentrar na sexualidade, Eros vai além dela. Seu foco não é apenas o sexo ou o prazer, mas a satisfação da pessoa que proporciona esse prazer.

Portanto, embora a *palavra* Eros não apareça nas Escrituras, o *tipo* de amor que ela representa aparece, sim, em diversas ocasiões. Como exemplo, podemos citar Gênesis 24:67, que relata brevemente o casamento de Isaque com Rebeca: "Isaque levou Rebeca para a tenda de sua mãe Sara; fez dela sua mulher, e a *amou*".

Outro episódio marcante é o amor de Jacó por Raquel. Essa história é cheia de Eros, de paixão à primeira vista e de profundo desejo. Veja as narrativas e observe a paixão e o desejo de Jacó:

> Ele ainda estava conversando, quando chegou Raquel com as ovelhas de seu pai, pois ela era pastora. Quando Jacó viu Raquel, filha de Labão, irmão de sua mãe, e as ovelhas de Labão, aproximou-se, removeu a pedra da boca do poço e deu de beber às ovelhas de seu tio Labão. Depois Jacó *beijou* Raquel.
>
> Ora, Labão tinha duas filhas; o nome da mais velha era Lia, e o da mais nova, Raquel. Lia tinha olhos meigos, mas Raquel era *bonita e atraente*. Como *Jacó gostava muito de Raquel*, disse: "Trabalharei sete anos em troca de Raquel, sua filha mais nova".
>
> Labão respondeu: "Será melhor dá-la a você do que a algum outro homem. Fique aqui comigo". Então Jacó trabalhou sete anos por Raquel, mas lhe pareceram poucos dias, *pelo tanto que a amava*.
>
> Então disse Jacó a Labão: "Entregue-me a minha mulher. Cumpri o prazo previsto e *quero deitar-me com ela*". (Gênesis 29:9-11,16-21)

A beleza de Raquel saltou aos olhos de Jacó a ponto de a Bíblia dizer que ele a amava. Com que amor ele a amava se havia acabado de conhecer a moça? Jacó a amou com o Eros, ainda que a palavra não apareça no texto. Ele sentiu-se fisicamente atraído por ela, não há dúvida, e é por isso que o texto bíblico diz que ele "a amava".

Porém, ainda que a desejasse ardentemente, Jacó não pulou etapas para ter Raquel. Seguiu à risca o que fora combinado com o sogro, a saber, sete anos de trabalho de graça. A intensidade de sua paixão, porém, o impediu de perceber que o sogro o trapaceou na noite de núpcias, entregando Lia no lugar de Raquel e exigindo mais sete anos de trabalho gratuito para que pudesse se casar com sua amada. O amor de Jacó era tão forte que ele concordou (Gênesis 29:22-30).

Eros é muito importante para a manutenção do casamento. Eu olho para minha esposa apaixonadamente, e minha realização no aspecto da sensualidade e da sexualidade é algo que alimenta a minha paixão por ela. Um relacionamento sem Eros trata o desejo sexual como qualquer outra necessidade física, algo meramente carnal ou instintivo, sempre a ser suprido de forma egoísta. Mas na presença do Eros, esse desejo inclui o outro de forma bastante intensa.

O livro bíblico que aborda o Eros de maneira mais explícita é Cântico dos Cânticos. Ele fala do intenso desejo erótico que um casal de noivos sente às vésperas do casamento e da celebração desse amor após as núpcias. Todo esse desejo é descrito com bastante poesia e delicadeza, o que faz com que o livro possa ser lido sem pudor por casados e solteiros de todas as idades.

Muitos daqueles que defendem que a sexualidade é algo carnal e indecoroso acabam retratando Cântico dos Cânticos apenas como uma alegoria do amor entre Deus e Israel, ou entre Jesus e a igreja. De fato, o livro pode, sim, simbolizar esse amor divino, do qual o próprio casamento também é símbolo.

Antes de prosseguir e ver como Cântico dos Cânticos pode enriquecer o nosso casamento, vamos fazer uma pausa para nos aprofundarmos nesse tópico da representação do amor divino na aliança conjugal.

Dois casamentos, uma aliança

Sabemos que o casamento foi estabelecido por Deus, pois ele uniu o primeiro casal, Adão e Eva, em matrimônio, conforme Jesus explicou:

> Vocês não leram que, no princípio, o Criador 'os fez homem e mulher' e disse: 'Por essa razão, o homem deixará pai e mãe e se unirá à sua mulher, e os dois se tornarão uma só carne'? Assim, eles já não são dois, mas sim uma só carne. Portanto, o que Deus uniu, ninguém o separe. (Mateus 19:4-6)

Aqui, Jesus cita Gênesis 2:24 a fim de explicar aos fariseus que o matrimônio foi uma aliança estabelecida pelo próprio Deus, e não por homens. Há pessoas que escolhem não se casar no papel porque acreditam ser apenas uma convenção da sociedade, mas estão enganadas, pois foi o Senhor quem estabeleceu essa união.

A seriedade com que Deus tratou o casamento, desde o começo, revela-nos que o matrimônio não é um fim em si mesmo, mas serve de ilustração para outra aliança ainda mais grandiosa, aquela entre o Senhor e seu povo, entre Jesus e a igreja. Ao longo de toda a Bíblia, podemos encontrar muitas passagens em que figuras do casamento são usadas para falar dessa aliança:

> Vá proclamar aos ouvidos de Jerusalém: "Eu me lembro de sua fidelidade quando você era jovem: como noiva, você me amava e me seguia pelo deserto, por uma terra não semeada". (Jeremias 2:2)

> "Naquele dia", declara o SENHOR, "você me chamará 'meu marido'; não me chamará mais 'meu senhor'". (Oseias 2:16)

> O zelo que tenho por vocês é um zelo que vem de Deus. Eu os prometi a um único marido, Cristo, querendo apresentá-los a ele como uma virgem pura. (2Coríntios 11:2)

> Regozijemo-nos! Vamos nos alegrar e dar-lhe glória! Pois chegou a hora do casamento do Cordeiro, e a sua noiva já se aprontou. (Apocalipse 19:7)

É na carta de Paulo aos Efésios que encontramos a explicação clara de que o casamento humano aponta para o casamento eterno entre Jesus e sua igreja. Leia o texto e repare nos termos em itálico:

> Maridos, amem suas mulheres, *assim como Cristo amou a igreja* e entregou-se a si mesmo por ela para santificá-la, tendo-a purificado pelo lavar da água mediante a palavra, e apresentá-la a si mesmo como igreja gloriosa, sem mancha nem ruga ou coisa semelhante, mas santa e inculpável. Da mesma forma, os maridos devem amar as suas mulheres como a seus próprios corpos. Quem ama sua mulher, ama a si mesmo. Além do mais, ninguém jamais odiou o seu próprio corpo, antes o alimenta e dele cuida, *como também Cristo faz com a igreja*, pois somos membros do seu corpo. "Por essa razão, o homem deixará pai e mãe e se unirá à sua mulher, e os dois se tornarão uma só carne". *Este é um mistério profundo; refiro-me, porém, a Cristo e à igreja.* (Efésios 5:25-32)

Percebeu o raciocínio de Paulo? Primeiro, ele apresenta o cuidado de Cristo para com a igreja como sendo o padrão do marido no trato com sua mulher. Depois, Paulo menciona o mesmo versículo sobre casamento que Jesus havia citado, mas o aplica no relacionamento entre Jesus e a igreja, revelando que, desde o Gênesis, o matrimônio já era um espelho da aliança entre Jesus e seu povo escolhido.

Você pode imaginar as implicações disso no seu matrimônio? Assim como a relação que temos com nossos filhos aponta para a relação do Pai com os filhos dele, nosso relacionamento conjugal deve apontar para a aliança entre Cristo e seu povo.

Se prestarmos atenção ao versículo de Gênesis 2:24, citado por Jesus e por Paulo, veremos que ele tem um componente sexual: "o homem [...] se unirá à sua mulher, e os dois se tornarão uma só carne". Este componente é reforçado pelo versículo seguinte: "O homem e sua mulher viviam nus, e não sentiam vergonha" (v. 25).

Não tenho dúvida de que sexo foi a primeira coisa que Adão e Eva fizeram depois de Deus tê-los apresentado um ao outro. Não quero analisar aqui se eles se tornaram uma só carne antes, durante ou depois do ato, mas é certo que a intimidade física entre eles selou essa união.

Veja, o casamento é, entre outras coisas, uma união de corpos. Depois dos sete anos de trabalhos forçados, o que Jacó pediu ao sogro foi: "Entregue-me a minha mulher. [...] quero deitar-me com ela". Mesmo aqui no Brasil, entende-se que a relação sexual é parte essencial do casamento, de modo que o matrimônio pode ser anulado, segundo a lei civil, se um dos cônjuges se recusar a ter relação sexual com o outro. Acredito que o mesmo acontece em muitas outras culturas.

Agora, se outros fatores fundamentais do casamento, como a fidelidade e o amor, refletem a aliança entre Cristo e a igreja, será que o sexo, igualmente fundamental, não aponta para algo nesse relacionamento divino e eterno? Segundo o pastor John Piper, o prazer sexual é uma demonstração das delícias eternas das quais a Igreja desfrutará eternamente com Jesus, seu noivo.

> Assim como os céus proclamam a glória do poder e da beleza de Deus, assim também o clímax sexual anuncia a glória dos deleites imensuráveis que teremos com Cristo na era por vir. Lá não existirá casamento (Mateus 22:30). Mas o casamento aqui

> representado estará lá. E os prazeres do casamento, multiplicados por dez milhões de vezes, estarão lá.[2]

Veja que o Eros, a sexualidade no casamento, tem um objetivo muito mais sublime. Não se trata de um amor carnal, animal, mas de uma amostra do que fruiremos no céu, no âmbito da alegria e do deleite, e que Deus, por algum motivo, quis que os casados desfrutassem em seu relacionamento conjugal.

Dentro desse assunto, gostaria de convidar você a responder algumas perguntas:

- Seu casamento tem sido uma demonstração do amor apaixonado que Cristo tem pela igreja? Você tem demonstrado esse tipo de amor por seu cônjuge?
- Você compreende que o sexo foi criado por Deus para a alegria do casal? Se não pensa assim, o que poderia ser ajustado no seu coração e na sua mente para que você passe a perceber a sexualidade como algo santo e concebido por Deus?

Ao longo deste livro você irá se deparar com perguntas bem diretas como essas. Meu objetivo não é, de modo algum, constrangê-lo, mas ajudá-lo a ver o que pode ser melhorado em seu casamento, pois acredito que não há casamento bom que não possa ser melhorado. Sugiro que, sempre que encontrar perguntas como essa em sua leitura, faça uma pausa para refletir sobre o assunto, antes de prosseguir.

Considerações feitas, voltemos ao estudo do livro de Cântico dos Cânticos. Podemos concluir que aqueles que consideram Cântico dos Cânticos uma alegoria do relacionamento entre Jesus e a igreja estão certos, mas só em parte. Pois o livro também fala do amor e do desejo físico entre dois amantes. Se isso não for levado em consideração, infelizmente, perderemos a beleza e o poder dos versos e acabaremos menosprezando o que o livro exalta: a celebração da união física entre um homem e uma mulher.

Vamos examinar agora alguns trechos de Cântico dos Cânticos e ver duas lições sobre o Eros que podemos aplicar em nosso casamento.

Eros é exclusivo do casamento

Quero convidá-lo a imaginar esta cena comigo; dois jovens noivos se casam em Israel, nos dias do Antigo Testamento. Pelos relatos da Bíblia e de outras fontes, sabemos que as festas judaicas se estendiam por vários dias. Pois bem, imagine a festa desse jovem casal. Diariamente, eles saem da sua "suíte nupcial" e se reúnem com os convidados para mais um tempo de danças, banquete e, é claro, música. Afinal o que seria de uma festa sem música? Para cuidar dessa parte, há cantores e instrumentistas que alegram a festa com canções, cujo principal assunto, como é de se esperar, é o amor e a vida a dois.[3]

Acredita-se que Cântico dos Cânticos, como o próprio nome diz, seja uma dessas canções para ser entoada em bodas. O livro, escrito por Salomão, é muito poético, e está cheio de ilustrações que não compreendemos totalmente nos dias de hoje. Mesmo assim, pode-se perceber alusões claras ao desejo sexual e ao contato físico e erótico entre os noivos:

> Ah, se ele me beijasse, se a sua boca me cobrisse de beijos... Sim, as suas carícias são mais agradáveis que o vinho. (1:2)

> Quão deliciosas são as suas carícias, minha irmã, minha noiva! [...] Os seus lábios gotejam a doçura dos favos de mel, minha noiva; leite e mel estão debaixo da sua língua. (4:10a,11a)

> [Diz o noivo]: Você é um jardim fechado, minha irmã, minha noiva.
> [Diz a noiva]: Que o meu amado entre em seu jardim e saboreie os seus deliciosos frutos. (4:12a,16b)

O Eros está estampado com letras garrafais em cada um desses versos e, praticamente, em todo o livro. Veja como essas palavras são poéticas e mostram claramente o desejo e o prazer do casal. Não há vergonha em cantar tais coisas numa celebração familiar porque são palavras que descrevem as delícias do ambiente puro e santo do casamento.

Com Cântico dos Cânticos, aprendemos que, de todas as faces do amor, Eros é a única para uso exclusivo dos casados. Todo esse prazer é um presente de casamento oferecido por Deus ao homem e à mulher que comprometem, em aliança pública, a manter a fidelidade um ao outro, em todos os momentos.

Gostaria de convidar você a refletir neste ponto. Hoje, infelizmente, a sexualidade foi banalizada de tal maneira que é usada para vender desde cerveja até desodorante. Mas isso não muda o que Deus estabeleceu acerca do sexo. Ele continua sendo privilégio dos casados — aqueles que fazem uso dele fora do casamento estão usurpando um direito que não lhes pertence. Responda a si mesmo:

- Você considera o sexo como um privilégio? O que mudaria em seu relacionamento conjugal se visse a sexualidade pela ótica de Deus — como um presente — e não pela ótica do mundo — como um instinto?

É claro que a sexualidade existe em outros momentos do relacionamento e é igualmente necessária neles. Ela está presente no namoro e no noivado, com a atração física e o desejo sexual. Mas precisa ser controlada até que chegue o momento certo de florescer e ser satisfeita, a saber, o casamento. Cântico dos Cânticos faz advertências nesse sentido:

> Mulheres de Jerusalém, eu as faço jurar: Não despertem nem incomodem o amor enquanto ele não o quiser. (8:4)

Para entender esse conselho, precisamos compreender quem são essas "mulheres de Jerusalém" e o que elas têm a ver com a festa de casamento.

Cântico dos Cânticos é uma canção com partes cantadas por um homem (que interpreta o noivo), e outras, por uma mulher (que interpreta a noiva). Há também algumas participações especiais de um terceiro grupo, tradicionalmente chamado de "coro", e que as traduções mais recentes da Bíblia têm identificado como um coro feminino. A Nova Versão Internacional, por exemplo, chama esse grupo de "Amigas (mulheres de Jerusalém)". Pelo que diz o poema, parece se tratar de amigas da noiva, como se fossem madrinhas de casamento, mas com a ressalva de que são todas solteiras. Como é comum acontecer até hoje, no poema, a noiva conversa com suas amigas sobre seu amado e também dá a elas alguns conselhos sobre o amor.

O conselho que a noiva repete por três vezes no livro é: "Não despertem o amor" (2:7; 3:5; 8:4). O que ela quer dizer com isso? O objetivo da noiva aqui é alertar suas amigas a esperar pelo casamento para terem intimidade sexual. A própria noiva esteve solteira até pouco tempo atrás, e sabe que há momentos em que o corpo e os instintos clamam por esse tipo de intimidade. Mas ela orienta as amigas a "não despertarem o amor", ou seja, a não alimentarem o Eros antes da hora. Em outras palavras, ela aconselha: "Contenham-se, refreiem-se.

Não será para sempre; só até o casamento. Esperem pela vez de vocês. Vale a pena! Não provoquem o amor até o momento em que conseguirão atender a todas as demandas dele".[4]

O Eros só pode ser provado plena e seguramente dentro do casamento. Foi assim que Deus determinou, porque o casamento é, como vimos, uma representação da futura união ente Cristo e a igreja, a qual também está repleta de prazer (Salmos 16:11; 1Coríntios 2:9), mas igualmente baseada numa forte aliança (Hebreus 9:15). Da mesma forma, os prazeres do casamento devem ser desfrutados dentro da proteção da aliança matrimonial.

Uma vez no casamento, os casados são orientados a desfrutar plenamente do Eros e a despertá-lo. Isso significa que os cônjuges devem se estimular, sexualmente falando. Devem promover momentos nos quais a paixão tenha espaço para acontecer:

> Eu pertenço ao meu amado, e ele me deseja. Venha, meu amado, vamos fugir para o campo, passemos a noite nos povoados. Vamos cedo para as vinhas para ver se as videiras brotaram, se as suas flores se abriram, e se as romãs estão em flor; ali eu lhe darei o meu amor. As mandrágoras exalam o seu perfume, e à nossa porta há todo tipo de frutos finos, secos e frescos, que reservei para você, meu amado. (7:10-13)

Veja como a noiva prepara o "clima" para o encontro com seu amado. Ela sabe do desejo que ele tem por ela. Então o convida para um passeio romântico. No lugar ideal, preparado por ela, repleto de estímulos sensoriais (vinhas, flores, perfume, frutos), a noiva entrega ao marido o seu amor.

No mundo de hoje, muitas pessoas acreditam e até dizem que o casamento é o fim do romance, o fim do Eros. Mas a Bíblia ensina que ele é apenas o começo! É no casamento que essa face do amor pode ser despertada, desenvolvida e aproveitada em todo o seu potencial. Ela é benéfica, pois mantém a chama do amor acesa.

Porém, se não for cultivado, o Eros não vai mesmo florescer. Geralmente os casais gastam tempo planejando férias, compras, estudos, e se esquecem de ser propositais no âmbito da sexualidade. Acham que o desejo vai acontecer naturalmente. Às vezes sim, mas não é sempre. Na nossa vida, que fica cada vez mais corrida, é preciso de intencionalidade em relação ao Eros para que ele não fique relegado a segundo plano. Assim, eu lhe pergunto:

- Você tem criado momentos especiais para estar a sós com seu cônjuge e desfrutarem um do outro?
- O que você pode fazer para que momentos românticos de sensualidade recebam a importância que merecem em seu casamento?

Devemos entender a importância e também a responsabilidade de manter vivo e sempre focado em nós o desejo de nosso cônjuge. É claro que o desejo é resultado de vários fatores, mas como estamos falando da face física e sensorial do amor, não podemos ignorar a importância do cuidado físico na relação conjugal.

Não estou falando aqui de gastar rios de dinheiro com cosméticos e cirurgias. Refiro-me a coisas básicas. Percebo, por exemplo, que muitos homens assumem que a esposa estará sempre satisfeita com ele, mesmo que não tenha higiene, não cuide da barba, não tenha modos, não faça exercício e deixe a barriga de um jeito que, para vestir a calça, necessite de ajuda. Não é preciso ir muito longe para perceber que tal realidade trará decepção àquela esforçada criatura que ainda sonha com o homem com o qual, um dia, se casou — o rapaz romântico que se banhava, perfumava-se e vestia a melhor camisa para passear com ela.

Da mesma forma, a figura da esposa que recebe o marido, ao fim do dia, com cheiro de água sanitária nas mãos, aroma de cebola no cabelo, e vestindo uma camiseta promocional, ainda molhada da pia, não é nada atraente e nem alimenta o desejo de seu marido.

Não me entenda mal. Meu foco não é dizer que devemos viver vestidos ricamente, como reis e rainhas, mas que devemos nos empenhar em estimular positivamente, por meio dos sentidos, o desejo de nosso cônjuge, com uma aparência e um perfume agradáveis. Ao cuidar disso, você estará demonstrando ao seu parceiro o quanto se importa com ele e o valoriza.

Um dos males que percebo em alguns casamentos é o nível de desinteresse pelo valor do cônjuge. Alguns casados acham que o outro tem a obrigação de aceitá-lo como estiver. Mas acredito que quem exige isso está interessado apenas em receber amor, não em dar.

Outro lado da mesma moeda é a valorização do cônjuge cuidadoso. Um dos sentidos do ser humano é a audição, e é fonte de grande prazer receber elogios de alguém que consideramos especial e importante para nós.

No começo do livro de Cântico dos Cânticos, a noiva não se achava bela por causa da sua pele morena, resultado de muitos dias ao sol, cuidando do vinhedo da família:

> Não fiquem me olhando assim porque estou escura; foi o sol que me queimou a pele. Os filhos de minha mãe zangaram-se comigo e fizeram-me tomar conta das vinhas. (1:6)

Mas seu noivo não se importava com isso; considerava-a a mais bela entre as mulheres e lhe disse: “Como são belas as suas faces entre os brincos e o seu pescoço com os colares de joias” (1:10; repare que a noiva se arrumou para o seu noivo, colocando brincos e colares). Ao valorizá-la, o noivo eleva a autoestima de sua amada. Ela se sente bela, querida e muito confiante, afirmando acerca de si mesma: "Sou uma flor de Sarom, um lírio dos vales" (2:1).

Quem deseja seu cônjuge vai valorizá-lo. Creio ser impossível encontrar alguém que diz desejar seu amado e, ao mesmo tempo, não o apreciar. O desejo pelo outro nos faz dar valor.

Se um marido ou uma mulher perde o desejo de estar, de tocar, de elogiar e de amar o outro sensualmente, afirmo sem ressalvas que essa relação precisa de ajuda urgente. Cada caso é um caso, e creio que um relacionamento que chega a esse ponto tem complicações mais profundas. Mas a falta de Eros na vida conjugal indica que há um distanciamento, ainda que esteja só começando. Precisamos resgatar a sensualidade em nosso matrimônio.

O amor que une os casais precisa se materializar nesse desejo incontido de estar junto. Cônjuges que se amam plenamente e que, na correria de uma vida estressante de trabalho, passam o dia sem se ver, desejam ardentemente encurtar sua agenda, preparar-se da melhor forma possível e desfazer-se em elogios para simplesmente desfrutar da presença de seu amor.

Faça isso na intimidade e publicamente, não tenha receio de ser romântico. Esse medo tem levado casamentos a se tornarem carentes de Eros. Não deixe que a paixão só se manifeste nos momentos de êxtase da sexualidade. A sensualidade pode e deve estar presente sempre entre os casais, aguçando assim o desejo de estarem juntos e valorizando esse amor.

Eros é obrigatório no casamento

A segunda lição acerca da sexualidade é que ela, além de ser um privilégio dos casados, é um *dever* deles. Tudo o que foi dito até aqui a respeito do prazer físico no casamento não é opcional. A Bíblia dá ordens claras aos casados para se deleitarem um no corpo do outro.[5] Observe as ordens embutidas nos seguintes versos de Cântico dos Cânticos:

> Leve-me com você! Vamos depressa! (1:4)

> Levante-se, venha, minha querida minha bela, venha comigo. [...] mostre-me o seu rosto, deixe-me ouvir a sua voz. (2:13b,14b)

E mais claramente no livro de Provérbios, também escrito por Salomão:

> Alegre-se com a esposa da sua juventude. Gazela amorosa, corça graciosa; que os seios de sua esposa sempre o fartem de prazer, e sempre o embriaguem os carinhos dela. (Provérbios 5:18-19)

O Eros não só é exclusivo do casamento como tem de estar presente na relação conjugal. A dinâmica do desejo, da atração física e do prazer sexual não é restrita a jovens e recém-casados, mas deve ser cultivada em todas as idades do casamento.

Não podemos ser ingênuos e achar que o mundo e o Diabo não nos tentarão nessa área, nem ao nosso cônjuge. Seria hipocrisia não assumir que essa tentação existe e está perto de cada um de nós. Hoje, mais que em outros tempos, a sexualidade está a um clique de distância. Foi-se a época em que revistas e filmes pornográficos ficavam numa sessão reservada das bancas e das videolocadoras. Tudo se encontra a poucos cliques e, às vezes, nem é preciso procurar muito, pois são oferecidos em propagandas na internet e canais abertos da TV a cabo.

Ao desejar meu cônjuge e estimular nele o desejo por mim, estou protegendo minha relação contra esses ataques. Ao agir assim, vivemos satisfeitos e realizados um no outro, ainda que chovam propostas à nossa porta.

> Pode haver sessenta rainhas, e oitenta concubinas, e um número sem fim de virgens, mas ela é única, a minha pomba, minha mulher ideal! (Cântico dos Cânticos 6: 8-9a)

Ao mesmo tempo em que celebra a união de um jovem casal, o livro de Cântico dos Cânticos serve de inspiração para os casamentos mais maduros, jogando um jato de água fria para acordar alguns casais que caíram no marasmo e deixaram o Eros no passado. O livro pergunta abertamente ao cônjuge cristão: "Como vai sua vida amorosa? Está morta ou ativa?".

Quero convidar você a separar agora alguns instantes para refletir sobre estas perguntas:

- A vida sexual de seu casamento já viu dias melhores?
- Que atividades estão ocupando o seu tempo e não permitindo que você e seu cônjuge se dediquem mais um ao outro?

Podemos considerar Cântico dos Cânticos como uma provisão do próprio Deus para sustentar os casais que se amam e renovar aqueles que não se amam tanto assim. Ao estudá-lo e aplicá-lo em nosso casamento, aumentamos nossa intimidade conjugal e refletimos a intimidade do amor de Cristo por sua noiva, a igreja. Dessa forma, o mundo poderá olhar para o nosso matrimônio e dizer: "Então é assim que se vive o evangelho!".[6]

Nosso matrimônio se sustenta também no Eros. Muitos acham que orar é suficiente para manter o casamento imune à tentação na área sexual. A própria Bíblia diz que não é. Para o casal cristão, a santidade matrimonial é preservada, sim, com oração, mas também com sexo:

> Por causa da imoralidade, cada um deve ter sua esposa, e cada mulher o seu próprio marido. O marido deve cumprir os seus deveres conjugais para com a sua mulher, e da mesma forma a mulher para com o seu marido. A mulher não tem autoridade sobre o seu próprio corpo, mas sim o marido. Da mesma forma, o marido não tem autoridade sobre o seu próprio corpo, mas sim a mulher. Não se recusem um ao outro, exceto por mútuo consentimento e durante certo tempo, para se dedicarem à oração. Depois, unam-se de novo, para que Satanás não os tente por não terem domínio próprio. (1Coríntios 7:2-5)

Observe como Paulo vai ligando os assuntos. Ele escrevia para cristãos que viviam em uma época imoral, como a nossa, talvez até pior em alguns pontos. Em tempos de imoralidade, marido e mulher devem cumprir seus "deveres conjugais" um com o outro. Poderíamos nos perguntar que deveres são esses, se Paulo fala de afazeres domésticos ou de contas a pagar, mas não precisamos gastar nosso tempo nisso porque o próprio apóstolo esclarece no versículo seguinte: satisfazer o cônjuge com seu próprio corpo.

O mundo hoje tem pregado o "direito sobre o corpo", principalmente as feministas, afirmando que "o corpo é meu e faço com ele o que quiser". A Bíblia, porém, afirma que o corpo do cristão casado pertence ao cônjuge, e vice-versa, para o deleite dele. Viver de acordo com esse princípio exige grande dose de amor e abnegação! Nesse ponto, recordamos o que foi dito a respeito do Eros no começo do capítulo. Sendo uma das faces do amor, seu foco não é apenas o sexo ou o prazer, mas a satisfação da pessoa que proporciona esse prazer.

De igual modo, o que Paulo está incentivando aqui não é que cada um reivindique seus direitos de posse sobre o corpo do outro. Pelo contrário: que reconheça o direito que *o outro* possui sobre seu corpo e o atenda. Por isso diz, na sequência: "Não se recusem um ao outro".[7] A única possibilidade que Paulo considera para o casal se manter afastado, sexualmente falando, é a fim de se "dedicar à oração" numa espécie de jejum, como o de alimentos.

Com isso, Paulo não está dando a entender que espiritualidade e sexualidade são incompatíveis, que é preciso manter distância do cônjuge se quiser ter uma vida santa com Deus. Muito pelo contrário. Em primeiro lugar, esse afastamento só é possível se houver "mútuo consentimento", ou seja, marido e mulher precisam concordar com as condições. Nenhum dos dois tem o direito de forçar o outro a aceitar esse jejum, pois, se fizer isso, estará negando ao outro o que é direito dele.

Em segundo lugar, o jejum não pode durar para sempre. Ele só pode acontecer "durante certo tempo". Por quê? É nessa hora que vemos o quanto o sexo é fundamental para a santidade e a fé do casal cristão. Na prática e vivência do Eros, o casal consegue deter as investidas do Diabo contra sua vida. Se o casal está unido nessa área, o inimigo não tem nenhuma brecha por onde entrar e semear tentações, "por não terem domínio próprio".

Comentamos anteriormente que às vezes tem-se o entendimento de que as coisas físicas não interessam a Deus. Que, sendo espírito, o Senhor se interessa apenas por nossas atividades espirituais. Esse tipo de entendimento é muito perigoso porque, embora Deus seja espírito, nós não somos apenas espíritos, e nem fomos criados por ele para sermos. Se cremos que tudo relacionado ao físico é pouco importante, ou até mesmo sujo, acabamos comprometendo bases fundamentais da fé cristã, como a encarnação de Jesus (João 1:1,14), a ressurreição do corpo (1Coríntios 6:12-20; 15), e a restauração do céu e da terra (2Pedro 3:13).[8]

Por isso, afirmo: casamento não se sustenta apenas com oração. Ela é primordial, mas o romance é igualmente necessário.

O Eros desvirtuado

Talvez o grande empecilho de se aceitar o Eros como parte do casamento cristão saudável é o fato de ele ter sido tão desvirtuado pelo pecado, em todas as culturas. De maneira geral, o pecado pegou tudo aquilo que Deus condena em relação ao Eros e colocou como sendo o normal, a começar com o sexo fora do casamento. Ele é tão comum em nossa sociedade que as pessoas que defendem a castidade até o matrimônio são consideradas alienadas.

Em segundo lugar, o pecado associou ao sexo todo tipo de depravação e perversão, que é ventilado na mídia e nas artes em geral, em filmes, novelas e livros. Esses desvios de comportamento são divulgados abertamente como formas de "apimentar" a relação sexual e proporcionar um prazer mais intenso.

Um exemplo recente foi o grande sucesso editorial e de bilheterias chamado *Cinquenta tons de cinza*. A trilogia gira em torno da jovem Anastácia que se envolve com Christian, um homem de negócios bem-sucedido, num relacionamento de dominação e sadismo.

Acompanhei um casal que entrou em crise no auge da fama dessa série. A crise foi causada pela esposa, que estava decidida a se separar. A razão? "Pastor, não quero mais esse homem com quem estou casada há mais de vinte anos. Quero um homem como o Christian." Foi isso o que Valéria e eu ouvimos naquele restaurante, após um culto dominical. A esposa, que ia iniciar a leitura do terceiro livro, estava apaixonada pelo protagonista de uma obra ficcional.

No domingo seguinte, fiz um alerta público na igreja sobre a malignidade daquela trilogia, deixando claro que não se tratava de um romance de amor, e sim de uma narrativa pornográfica, desprovida da beleza pertencente ao amor Eros.

Para o mundo, *Cinquenta tons de cinza* e outras aberrações da literatura, do cinema e da música são a definição exata do amor erótico que, para elas, é apenas um meio para se obter prazer. Porém, enganam-se ao achar que isso é amor. Eros não oprime, não domina, não explora e, em nenhuma hipótese e sob nenhuma circunstância, pode ser déspota. Quando uma relação se encaixa nesses termos depravados, ela já não pode ser considerada amorosa.

Isso porque o amor, em todas as suas faces, flui de Deus. Ele é o doador e a origem de todo amor existente. Sendo assim, se um comportamento vai contra a essência e os princípios de Deus, ele não pode ser considerado amor, mas uma desvirtuação de uma de suas faces.

Existem casamentos que, mesmo não tendo os cinquenta tons de cinza, aproximam-se, em algumas dezenas, de tons prejudiciais e destrutivos que colocam em risco sua estabilidade. Esses tons do Eros desvirtuado podem ir ao extremo da busca pela satisfação pessoal, mas podem também chegar ao oposto da frieza e da ausência da sensualidade. Nenhum dos dois extremos é saudável, e ambos ameaçam seriamente o casamento.

Já falamos da ausência de sexualidade no matrimônio, que pode derivar, em muitos casos, de um entendimento equivocado de que as coisas físicas são pecaminosas e devem ser evitadas. Por outro lado, a busca do prazer pelo prazer transforma a relação em um simples mecanismo para obter satisfação, e faz do parceiro pouco mais que um objeto. O alvo passa a ser a sexualidade por si, o que pode anular a beleza do Eros e colocá-lo no patamar da vulgaridade e do instinto. Casais que entram nesse equívoco tendem a ter uma relação sexual sem paixão, isenta de amor e que acontece apenas para satisfazer uma necessidade meramente fisiológica.

A Bíblia trata dessa disfunção e emprega uma palavra muito específica para designá-la: *porneia*. É daí que vem o termo "pornografia" e seus derivados.

A procedência da palavra "porneia" é curiosa. Ela originou-se a partir de um verbo grego que significa "vender, exportar", usado especialmente para falar da venda e exportação de escravos. Disso veio a palavra "pornos", que é alguém que vende o próprio corpo, submetendo-se a práticas sexuais imorais.

A partir desse sentido, "porneia" é usada para designar todo desvio da sexualidade sadia. As diferentes traduções bíblicas têm usado termos como "fornicação", "relações sexuais ilícitas" ou "imoralidade sexual" para transmitir o significado de "porneia". Atualmente, fica difícil saber o que seria "ilícito" ou até "imoral", mas o nosso padrão é o que foi apresentado por Deus em sua Palavra. Nesse ponto, mais uma vez, Cântico dos Cânticos pode nos ajudar, servindo de parâmetro para o que o Senhor definiu como relações sexuais lícitas: a expressão de amor entre um homem e uma mulher unidos pela aliança do casamento, feita de forma respeitosa e visando ao bem e à satisfação do outro.

Talvez alguém possa pensar que se está casado e não trai seu cônjuge está livre da "porneia". Infelizmente, ela pode estar presente no casamento, tomando o lugar do Eros e trazendo decepção e frustração na área sexual. De maneira geral, vejo que essa situação está associada a uma valorização excessiva e insalubre do prazer e pode acontecer de três modos.

Prazer a qualquer custo

A presença da porneia no casamento pode acontecer quando o casal, buscando aumentar o nível de prazer em seu relacionamento sexual, lança mão de artifícios que não refletem a beleza erótica; em vez disso, a maculam. Penso, por exemplo, no sadomasoquismo e na pornografia.

No sadomasoquismo, a pessoa se satisfaz e tem prazer ao infligir sofrimento físico ou humilhação sobre o outro (sadismo) ou sobre si mesma (masoquismo). Essa perversão ficou popularizada com o famigerado *Cinquenta tons de cinza*. Embora seja tratada como um mero jogo sexual, não se pode negar que essa prática implica certo desprezo pela dignidade humana, seja a própria, seja a do outro. Não consigo imaginar isso como um simples jogo, ou como algo aceitável para Deus, que criou o homem à sua imagem e semelhança.

Quando se enfatiza o prazer acima de tudo, acaba-se criando um ídolo. Sabemos, pelas Escrituras, que ídolos são insaciáveis, e o homem, buscando agradá-los e satisfazê-los, acaba transgredindo todos os seus princípios. Ídolos não são apenas estátuas ou entidades, podem também ser coisas originalmente boas e criadas por Deus, como o próprio prazer, que tomam o lugar de Deus no coração do homem.

Não são raras as vezes em que a idolatria se associa a um vício. Nesse âmbito do prazer sexual, a pornografia é um grande vício que tem destruído muitos casamentos, famílias e até carreiras. Infelizmente, sabe-se que a pornografia faz parte da vida de muitos solteiros, de todas as idades, mas ela também é comum entre pessoas casadas. Tudo começa com um desejo aparentemente inocente de apimentar o relacionamento sexual, buscando "inspiração" com "profissionais do sexo". A excitação originada pelo acesso a esses materiais não se satisfaz num relacionamento sexual normal, o que leva a pessoa a consumir doses cada vez maiores de pornografia em troca de prazer cada vez menor.

O efeito da pornografia nos relacionamentos é assustador. Segundo o site Just 1 Click Away [A um clique de distância], mantido pelo ministério do pastor norte-americano Josh McDowell, o uso da pornografia aumenta o índice de infidelidade matrimonial em mais de

300% e, em mais da metade dos casos de divórcio (56%), um dos cônjuges teve interesse obsessivo por sites pornográficos.[9]

Prazer artificial

Outra forma de a porneia se infiltrar no casamento é por meio de um falso entendimento do que é prazer. Não preciso nem me referir a materiais pornográficos para ilustrar o que quero dizer.

Ainda que alguns filmes e seriados destinados ao público geral não mostrem cenas de sexo, não é raro exibirem imagens de um quarto totalmente de pernas para o ar depois de algumas "horas" de prazer entre um casal. Também são comuns as conversas em que as personagens dizem terem se divertido "a noite toda" com seu parceiro sexual, ou se gabam de uma "maratona" que incluiu vários intercursos numa única noite.

Também em bancas de jornal, nas prateleiras mais distantes do material pornográfico, encontramos revistas voltadas para o público masculino, feminino e até adolescente com matérias que divulgam métodos para alcançar "níveis astronômicos de prazer" ou para fazer o parceiro "subir pelas paredes".

Tudo isso se mostra despretensiosamente diante de nossos olhos e, às vezes, esse tipo de informação chega até nós ainda na adolescência e na juventude, muitos anos antes de nos casarmos. De maneira implícita, começarmos a acreditar que o sexo é algo que dura a noite inteira e que o nível aceitável de prazer é aquele que se assemelha a um transe hipnótico.

Da mesma forma que hoje se buscam padrões inexistentes de beleza física, calcados em fotos manipuladas em *softwares* de edição, também objetivamos padrões sexuais que são totalmente artificiais, impossíveis de se alcançar, naturalmente falando. Poucas pessoas percebem que a indústria do entretenimento explora e exagera o aspecto sexual da vida, assim como faz em tantos outros assuntos, a fim de atrair mais espectadores. A maioria acha que aquilo que vê na tela da TV ou do cinema — infelizmente, em muitos casos, desde a infância — é um retrato fiel do Eros.

Com isso, não é à toa que muitos casais se frustram com o que julgam ser uma vida amorosa "sem graça" quando comparam seu relacionamento, perfeitamente funcional, a essas versões falsificadas do sexo.

Acredito que o sexo no casamento deve ser, sim, empolgante e altamente prazeroso, mas como fruto do amor e do apreço que os cônjuges têm entre si. Não deve ser comparado às façanhas de outros casais, reais ou ficcionais. Trata-se de um momento íntimo e quaisquer expectativas não supridas devem ser tratadas entre os cônjuges com conversas e novas tentativas de agradar o outro.

Prazer egoísta

A priorização do próprio prazer é a última porta para a entrada da porneia no casamento. Quando o sexo se torna egoísta, visando à satisfação pessoal em primeiro lugar, ele se desvia de seu objetivo que é conceder prazer ao outro.

Muitas vezes, esse impasse pode ser resolvido com conversa e um mínimo de informação acerca da sexualidade no gênero oposto. De modo geral, os homens ficam excitados e prontos para o sexo rapidamente, ao passo que as mulheres precisam de mais cuidado e estímulo para a relação. Maridos pouco atenciosos, ou que visam apenas ao seu próprio prazer na relação, irão se satisfazer rapidamente e abandonar a parceira que ainda não "engrenou". Seja por acaso, seja sem querer, agir assim é tratar a esposa como um simples meio de obter prazer, sem atentar para a satisfação dela.

Esse comportamento tem levado algumas mulheres, decepcionadas por nunca alcançarem o ápice na sexualidade, a se sentirem frustradas e a desistirem do relacionamento. As que não desistem, contentam-se em levá-lo adiante em um nível de satisfação bastante sofrível, o que é igualmente ruim. São casais que, por algum motivo, resolvem manter as aparências, mas que não se desejam mais. Casamentos que lidam com o Eros dessa forma fazem parte de uma triste estatística de lares infelizes, que subsistem na mediocridade e que abrem muitas brechas para a tentação na área sexual.

*

O nível de Eros desvirtuado nos relacionamentos é bastante elevado e, consequentemente, os casamentos infelizes e insatisfeitos não são poucos. A fim de não nos tornarmos um exemplo deles, precisamos tapar as brechas e manter vivo o fogo do Eros na relação.

Assim como Jesus alertou a igreja em Éfeso a voltar ao primeiro amor (Apocalipse 2:4-5), convido você a pensar no que despertou seu desejo por seu cônjuge.

É certo que, quando você se "encantou" por essa pessoa que hoje é sua mulher ou seu marido, a face Eros brilhou com paixão, fazendo-o se sentir atraído por aquela pessoa. Foi dessa forma que o Eros pegou você em cheio, portanto, não permita que esse "encanto" se desvaneça. Reviva esse momento especial.

- O que o atraiu tanto em seu cônjuge a ponto de distingui-lo dentre tantos outros?
- E quanto a você? O que em você fazia brilhar os olhos de seu amado e lhe dava satisfação e vontade de estar ao seu lado?

Esforce-se para encontrar aquilo que o encantou em seu cônjuge. Talvez você diga que isso não existe atualmente. É possível que esse encanto tenha se perdido, mas em muitos casos, essa graça continua presente, só deixou de ser notada.

Em relação a sua própria atitude, esforce-se por manter o brilho nos olhos de seu cônjuge. Não permita que a rotina e a mesmice tomem conta de seu casamento a ponto de Eros tornar-se apenas a satisfação de um instinto físico, carente de artifícios para aquecer aquilo que o convívio diário não consegue suportar.

Assim, mulher, prepare-se para o seu marido. Estimule-o com um visual, com palavras e trejeitos que mantenham o interesse e o desejo dele fixos em você. Caso não saiba que coisas são essas, pergunte a ele. Não tenha vergonha de conversar sobre sexo com seu marido! E se algo que ele deseja for ferir seus sentimentos ou seu senso de dignidade, converse mansamente com ele e lhe explique a situação. Não dificulte as investidas dele, colabore e tome a iniciativa você também.

Quanto a você, homem, seja mais homem. Homem de verdade tem como prioridade satisfazer e atender a esposa, e não usá-la para saciar seus próprios desejos. Busque saber se sua mulher está realmente satisfeita com os momentos íntimos de vocês. Procure levá-la primeiro ao clímax, porque você certamente chegará lá, mas talvez ela não.

Agora, dirijo-me aos dois: sejam cautelosos em relação aos padrões do mundo. Não emprestem seus olhos e mentes para contemplar cenas que mancharão a pureza do amor sexual e influenciarão negativamente seu relacionamento, criando expectativas irreais. Satisfaçam-se um no outro e desprezem todos os falsos artifícios fundamentados na porneia em vez do Eros. Tenho certeza de que este cuidado constante ajudará você e seu cônjuge a se descobrirem numa constante.

Por fim, as práticas sexuais no relacionamento conjugal devem ser feitas em comum acordo, sem macular a dignidade e a santidade da relação do outro e de si mesmo. Abrace o Eros e rejeite os desvios de conceituação do mesmo.

Fé e sexualidade

Para encerrar este capítulo, quero demonstrar como a sexualidade reflete a fé em Deus. Observe este trecho escrito por Paulo:

> Feliz é o homem que não se condena naquilo que aprova. Mas aquele que tem dúvida é condenado se comer, porque não come com fé; e tudo o que não provém da fé é pecado. (Romanos 14:23)

No capítulo 14 da carta do apóstolo aos Romanos, ele discorre sobre ser certo ou não comer certos alimentos. Paulo conclui a discussão com o versículo que citamos anteriormente. Nessa afirmação, ele não se refere apenas a comida, mas diz que qualquer ato do cristão que for realizado sem fé é pecado. Pois a fé glorifica e agrada a Deus por depositar nele a confiança (Romanos 4:20; Hebreus 11:6), enquanto a falta de fé desonra ao Senhor.

E o que isso tem a ver com o seu casamento? Digo que tem tudo a ver. Seu relacionamento íntimo, bem como todas as outras atitudes de sua vida conjugal, precisa ser fruto de sua fé no Senhor.

O que é fé? O autor da carta aos Hebreus pode nos ajudar a entender melhor: "Ora, a fé é a certeza daquilo que esperamos e a prova das coisas que não vemos" (11:1). Ou seja, a fé está relacionada a crer e confiar nas coisas que o Senhor nos disse, por meio das Escrituras. Em termos de casamento, que coisas são essas? A Bíblia diz que:

- Deus criou homem e mulher (Gênesis 1:27,31; 2:25);
- o sexo é para a satisfação dos cônjuges (Provérbios 5: 16-19);
- a sexualidade é importante e abençoada dentro do casamento (1Coríntios 7:5);
- a pureza sexual é valorizada por Deus e deve ser valorizada por toda a comunidade (Hebreus 13:4).

Agir com fé em sua vida íntima com seu cônjuge é crer que todas essas coisas são verdadeiras. Mais que isso: é crer que, agindo assim, você encontrará o verdadeiro contentamento sexual. É acreditar que Eros não é invenção do Diabo, nem de Hollywood, nem das lojas de artigos eróticos. Sendo assim, eles não podem determinar o que é "bom" ou "ruim" em termos de satisfação sexual.

Se Eros é criação de Deus, o ser humano só alcançará o verdadeiro contentamento em termos sexuais quando praticar sua sexualidade dentro dos limites definidos por Deus. Qualquer atitude fora desses limites não provém da fé, pois questiona o que o Senhor disse e definiu sobre o assunto, bem como sua autoridade como Criador dessas coisas.

Eu creio que se você alinhar a sexualidade em seu casamento de acordo com os propósitos estabelecidos por Deus para ela — a saber, entendê-la como criação de Deus, praticá-la a fim de não dar espaço para a tentação e mantê-la afastadas da porneia —, será capaz de experimentar o poder renovador do Eros em seu relacionamento, que se espalhará para todas as outras áreas da vida a dois.

Capítulo 3

A Amizade brota do mero companheirismo quando dois ou mais dos companheiros descobrem ter em comum alguma perspectiva ou interesse, ou até gosto, que os outros não compartilham e que, até o momento, cada um acreditava ser seu próprio tesouro (ou fardo) singular. A expressão típica de começo de Amizade seria algo como: "O quê? Você também? Eu pensava que era o único!"

Os quatro amores[1]

3

A face Philia
Meu cônjuge, meu amigo

Isto já aconteceu com você? Estar em um lugar ou numa atividade da qual gosta bastante e, ao encontrar um desconhecido que compartilha do mesmo gosto que o seu, travar com ele uma conversa animada, como se fossem há muito tempo conhecidos?

Geralmente, é assim que nascem as amizades. Aproximamo-nos das pessoas de cujos interesses intelectuais e gostos compartilhamos. É assim também que se dão as primeiras aproximações nos relacionamentos. É bastante comum que um namoro comece a partir de alguma afinidade. Pessoas se encontram em uma mesma sala de cinema, em um jogo de futebol, em uma igreja, em um concerto musical e a proximidade de gosto se torna um atrativo.

É curioso notar que as palavras usadas para designar os grupos de pessoas que se dedicam a uma mesma atividade ou a um mesmo passatempo geralmente terminam em "filia": cinofilia (gosto pelo cinema), halterofilia (interesse por levantamento de pesos), enofilia (apreço por degustar vinhos), e assim por diante. Se você olhar agora para o título deste capítulo, verá que isso não é mera coincidência. Essas palavras e os grupos que se identificam se originam a partir de um sentimento de partilha, amor e interesse mútuo chamado amizade.

Falar de amizade nos dias de hoje é um tanto complicado. As redes sociais, infelizmente, banalizaram o significado da palavra "amigo". Conheço pessoas que possuem centenas, até milhares, de amigos no Facebook. Hoje em dia, parece que ter muitos amigos virou sinônimo de *status*, e é por isso que muitos procuram adicionar o máximo possível de pessoas em suas redes sociais. Porém, na hora do aperto, com quantos desses "amigos" você pode realmente contar? Qual é o valor de milhares de "curtidas" quando o que você precisa é um ombro para chorar e um abraço para consolar?

Acredito que, quando o sentido de uma palavra se deteriora ou se desvirtua, a própria palavra perde um pouco de seu impacto e até de seu poder sobre nós. Por isso, creio ser essencial dar um passo para trás e entender a origem de alguns termos antes de avançar para frente e aplicá-los em nossa vida e nosso casamento.

A amizade que abordamos aqui vai muito além de simplesmente conhecer a outra pessoa. Envolve compartilhar a mesma visão, buscar a mesma verdade, caminhar lado a lado. Sem isso, não pode haver amizade. "Aqueles que nada têm nada poderão repartir; aqueles que estão a caminho de 'lugar nenhum' não poderão ter companheiros de viagem", disse C. S. Lewis em sua reflexão sobre a amizade.[2]

O afeto que nasce desse companheirismo é chamado de Philia (pronuncia-se "filia"), a face fraternal do amor. Enquanto Eros brota dos sentidos, Philia nasce da experiência, do andar junto no dia a dia.[3] De forma geral, compartilhamos o Philia com mais pessoas, ao passo que o Eros é exclusivo de nosso relacionamento conjugal. Apesar disso, como veremos, esta ainda é uma face do amor mais reservada, provavelmente a segunda em exclusividade em nossos relacionamentos.

Alguns filósofos gregos trataram do Philia em seus escritos e o têm em grande estima. Para Epicuro, essa face do amor é o apogeu que a sabedoria da felicidade pode proporcionar na vida. Aristóteles, por sua vez, definiu-o como uma afeição especial por alguém, uma estima que vai além de uma amizade qualquer. Para ele, Philia incorporaria a lealdade que une os indivíduos em família e também em comunidade. Esse apreço nasceria de um desejo sincero e discreto de querer e buscar o bem do outro mesmo quando não é solicitado, e isso seria feito em segredo, sem que o ato fosse anunciado a terceiros.

C. S. Lewis, em *Os quatro amores*, diz que esta é a face menos instintiva, biológica ou orgânica do amor, no sentido de que ela não é estimulada por reações físicas (como acontece com o Eros) nem familiares (como veremos no Storgé), mas simplesmente nasce do convívio entre duas pessoas que descobrem uma afinidade em comum.[4]

Desse modo, Philia não está preocupado com fortes emoções. Não tem a força devastadora de uma paixão, e nem a ferocidade protetora dos laços familiares. É uma face discreta do amor, mas não menos poderosa. Nosso coração não palpita desesperadamente e nosso rosto não ruboriza na presença de um amigo. Simplesmente sorrimos.

Por ser discreto, o Philia raramente fala sobre si. Perceba que enquanto os amantes gastam tempo discutindo a sua relação, os amigos quase nunca conversam sobre sua amizade. Você não encontrará facilmente dois amigos dizendo um ao outro "Veja como a nossa amizade é fantástica!" ou "Precisamos melhorar a nossa comunicação". Não, os instantes que passam juntos geralmente são devotados à prática daquele passatempo ou interesse comum que os une. Assim, a amizade é vivida de modo real e efetivo. Com isso, é muito difícil ter uma amizade teórica ou, para seguir na linha dos filósofos gregos, uma amizade "platônica". Essa relação tem mesmo de nascer da partilha e da convivência, caso contrário, não existirá.

Com toda essa discrição e vivência de modo prático, sem fortes emoções, é bem provável que algumas pessoas não considerem a amizade como uma das faces do amor. Porém, quem não enxerga esse sentimento como amor é porque, talvez, nunca tenha tido um amigo de verdade.

A importância do Philia

Por que a amizade é importante? Percebo que algumas pessoas tratam-na como uma prática própria a adolescentes, algo totalmente dispensável na vida adulta.

Na realidade, é mesmo possível que, teoricamente, o ser humano exista sem ter amigos. C. S. Lewis chega a afirmar que, enquanto a raça humana não pode existir sem Eros (que está na origem da nossa concepção) nem sem Storgé (que é o amor natural presente na família), ela poderia sobreviver sem a amizade, justamente por não ser um relacionamento baseado no instinto (como o Eros) nem na afeição natural (como o Storgé).[5] Mas isso é apenas teoricamente.

A amizade acrescenta algo em nossa vida que nem a família, o romance e o próximo traz. Infelizmente, muitas culturas colocam a amizade em segundo plano, mas ela é insubstituível na vida humana.[6] É triste pensar numa vida sem amigos, e o próprio Deus, quando tomou a forma humana, buscou fazer amizade, como veremos logo mais.

Assim, de todas as faces do amor, essa é a única buscada intencionalmente. A amizade não se impõe sobre você. O Eros capta sua atenção por meio dos sentidos, o Storgé é o que o envolve nos primeiros anos de vida, até mesmo o Ágape se apresenta ao cristão na forma de um mandamento. O Philia, porém, você *escolhe* doar. Escolhe a quem chamar de amigo.

A amizade possui raízes tão profundas que, mesmo tendo passado muitos anos, os amigos ao se reencontrarem, o intervalo de tempo decorrido se anula. No reencontro, os laços se fortalecem mais uma vez, a ponto de a última conversa, travada há muito, parecer ter acontecido ontem. Tenho amigos com os quais, sempre que possível, encontro-me apenas para conversar e saber como anda a vida. Hoje almocei com dois deles; são grandes amigos, daquela amizade que varou o tempo e chegou à maturidade, fazendo-nos sentir irmãos. Ainda que não nos encontremos com tanta frequência, quando nos sentamos parece que estivemos juntos todos esses anos que nos separaram.

Porém, ser amigo requer atenção e envolvimento. Não podemos achar que a amizade simplesmente acontecerá. É preciso cultivá-las.

Cuidar da amizade é preocupar-se com a vida, as dores e as alegrias do amigo. É oferecer-lhe um ombro quando a vulnerabilidade e o desconsolo lhe ocultarem as estrelas-guias. É no sofrimento e no fracasso existencial, profissional ou amoroso que se comprovam os verdadeiros amigos. Eles são como uma torre fortíssima que defende o frágil castelo de nossa vida peregrina.

De igual modo, a amizade é sustentada simplesmente pela decisão dos amigos em continuarem amigos. Não há alianças, contratos, mandamentos e nem laços sanguíneos que obrigam o Philia a acontecer e a permanecer. É um compromisso voluntário, uma dedicação espontânea que mantém o relacionamento ao longo dos anos com base em confiança, lealdade e ausência de segundas intenções.

Confiar em alguém significa poder se abrir e se expor sabendo que o outro não irá tirar proveito de sua vulnerabilidade. Ao mesmo tempo, porém, você espera que o outro seja leal, dizendo-lhe sinceramente a verdade, doa o que doer. A base da confiança e da lealdade mútuas está em saber que um quer o melhor para o outro em todos os sentidos; isso inclui ter a coragem e o amor necessários para exortar o amigo de uma possível armadilha que ele esteja criando para si mesmo por causa de pensamentos ou atitudes errôneos.

É essa atmosfera de amor e lealdade que faz do amigo aquela pessoa de quem você não omite nada, nem mesmo seus erros. É com ele que você quer e pode contar em todos os momentos de sua vida, mas especialmente nas dificuldades.

O amigo ouve suas confissões, e você sabe que não irá abandoná-lo de forma alguma, independentemente do que você partilhar. Ainda que ele não concorde com isso, será sempre positivo e o ajudará, porque, como diz a Bíblia, "Assim como o ferro afia o ferro, o homem afia o seu companheiro" (Provérbios 27:17).

Na amizade, você dá o presente da conexão emocional de modo voluntário. Ninguém o obriga a baixar a guarda e revelar o que está acontecendo em seu coração e em sua vida. É você quem decide fazer isso e permitir que o outro veja e o conheça pelo lado de dentro.

É por isso que a Bíblia diz que ter muitos amigos pode acabar sendo perigoso: "Quem tem muitos amigos pode chegar à ruína" (Provérbios 18:24). O conceito bíblico de ter muitos amigos não é o mesmo das redes sociais. Significa, em vez disso, conectar-se emocionalmente a muitas pessoas e permitir que todas elas conheçam seus segredos, suas falhas e seus sonhos. De certa maneira, seria impossível, e também bastante prejudicial, viver assim tão exposto. É por esse motivo que o Philia, embora mais abrangente que o Eros, não pode ser compartilhado com um número muito grande de pessoas. Dessa forma, os bons amigos são somente aqueles que nos oferecem esse ambiente seguro para ficarmos vulneráveis e retribuem nossa confiança com enorme sensibilidade.

Outro motivo que torna o Philia tão exclusivo é o fato de que a maioria das pessoas que se aproxima de nós o faz porque nos considera úteis. Digo isso não em um sentido negativo ou perjorativo, porque fazemos a mesma coisa. Não significa que tratamos uns aos outros como objetos, mas que vemos certos benefícios em estar ao lado de algumas pessoas. Pense: há pessoas divertidas e descontraídas, e nos aproximamos delas quando queremos dar boas risadas. Há outros, em nosso círculo social, que são inteligentes, e gostamos de tê-los por perto para aprender mais ou para buscar sua ajuda e conselho em alguma situação complicada. E todos têm aquele amigo jeitoso que conserta do motor do carro à resistência do chuveiro; esse é o primeiro que você chama quando precisa executar um projeto! Porém, por mais sinceros e recíprocos que sejam esses relacionamentos, não podem ser considerados um exemplo real de Philia, do amor-amizade.

Isso porque amigo verdadeiro, na maioria das vezes, tem apenas a amizade dele para oferecer-lhe. Ele não se aproxima de você porque precisa de algo, mas porque o ama. E você, da mesma forma, não o mantém na lista de contatos porque ele será útil em algum momento, mas porque ele é útil em *todos* os momentos. Você precisa da sinceridade dele em relação aos seus planos, precisa da repreensão dele quando está errado e não consegue ou não quer ver isso. Precisa do socorro dele quando se sente só e da companhia dele para compartilhar as alegrias da vida.

É dessa forma que confiança, lealdade e ausência de segundas intenções se colocam como o as bases do Philia.

Podemos sumarizar as características da amizade com um exemplo jocoso, dizendo que Philia é o amor dos cães (os donos de gatos me perdoem). Os cães são popularmente conhecidos por confiarem sem reservas em seus donos. Eles obedecem aos seus comandos, comem o que eles lhes oferecem, seguem-nos aonde forem. É certo que os cães não têm a inteligência necessária para questionar as decisões do dono, mas o ponto não é esse. Se algum estranho se aproximar de um cão e lhe der as mesmas ordens e o mesmo alimento, muito provavelmente o animal não atenderá, pois não confia no estranho.

Essa confiança se reflete na lealdade que o cão tem para com seu proprietário. Sou dono de um dogo argentino de 50 quilos, que por essa razão se chama Hazak — "forte" em hebraico. Agora mesmo, enquanto escrevo, ele está aqui ao meu lado. Se me levanto para beber água, ele se levanta e vai comigo, mesmo sem ganhar nada com isso. Está ao meu lado e me acompanha por sua fidelidade a mim.

Concluindo essa reflexão geral sobre amizade, quero convidá-lo a pensar por um instante no que o Philia significa para você e qual o espaço que ele tem ocupado em sua vida.

- Você tem amigos, pessoas para as quais pode ligar neste exato momento, por qualquer motivo? (Não desanime caso perceba que só há duas ou três pessoas no seu círculo de amigos podem atendê-lo sem restrições. Como vimos, os verdadeiros são realmente raros.)
- Você se considera um bom amigo? Seus amigos pensam o mesmo?
- Qual das três características que mencionei anteriormente sobre a amizade verdadeira — confiança, lealdade e ausência de segundas intenções — você precisa desenvolver mais em seus relacionamentos?

A amizade nas Escrituras

Diferentemente de Eros, o termo "Philia" aparece repetidas vezes na Bíblia. A amizade também é um assunto frequente nos textos bíblicos, tanto no Antigo como no Novo Testamento.

Temos um famoso exemplo de amizade registrado nas Escrituras, o de Davi e Jônatas. Veja a força das palavras empregadas para descrever essa amizade:

> Depois dessa conversa de Davi com Saul, surgiu tão grande amizade entre Jônatas e Davi que Jônatas tornou-se o seu melhor amigo. [...] Jônatas fez um acordo de amizade com Davi, pois se tornara o melhor amigo de Davi. Jônatas tirou o manto que estava vestindo e deu-o a Davi, junto com sua túnica, e até sua espada, seu arco e seu cinturão. (1Samuel 18:1,3-4)

No Oriente Antigo, o ato de alguém dar seus pertences a outra pessoa indicava que sentia por ela grande admiração e respeito.[7] Foi assim que Jônatas agiu em relação a Davi.

A história de amizade entre os dois se desenrola por alguns capítulos em 1Samuel. Podemos ler o quanto Jônatas foi fiel a Davi, mesmo contrariando o próprio pai, o rei Saul, chegando até a arriscar a vida em favor do amigo. Quando se fez necessário que Davi fugisse, pois o rei Saul estava decidido a tirar-lhe a vida, os dois se despediram com muitas lágrimas (1Samuel 20:41).

Por ocasião da morte de Jônatas e Saul, Davi compôs um cântico. As palavras que disse acerca de seu amigo falecido foram essas: "Como estou triste por você, Jônatas, meu irmão! Como eu lhe queria bem! Sua amizade me era mais preciosa que o amor das mulheres!" (2 Samuel 1:26). Nessa declaração, fica evidente o quanto Davi precisou, ao longo de sua vida, mais do Philia que Jônatas lhe dispensou do que do Eros, a despeito das várias esposas que possuía. Foi essa face amiga do amor que amparou e fortaleceu Davi nos vários anos angustiosos que viveu como fugitivo.

Isso nos ensina uma lição que já podemos aplicar em nosso casamento. Philia é a face do amor da qual mais necessitamos nos momentos de dificuldades. Ela é o ombro amigo sobre o qual podemos simplesmente chorar e receber consolo. São as palavras de confirmação e ânimo de que tanto carecemos no meio de alguma luta.

Assim, enquanto o Eros mantém a santidade no casamento, como ensinou Paulo em 1Coríntios 7:5, o Philia é essencial para preservar a proximidade do casal principalmente em situações de desgaste e aflição.

É quase sempre desse ângulo, o da ajuda em momentos difíceis, que a Bíblia aborda o tema amizade. Provérbios é um dos livros bíblicos que mais fala de amizade, como você pôde perceber nas duas citações que fizemos anteriormente. De maneira geral, o que lemos nesse livro de sabedoria reflete o sentimento que Davi teve por Jônatas: amigo é aquele que está ao nosso lado a todo instante, mas principalmente na aflição. É o que diz este versículo: "O amigo ama em todos os momentos; é um irmão na adversidade" (17:17).

Amigos estão disponíveis para acompanharem os outros em toda e qualquer situação, "em todo tempo", como diz o versículo. Eles estão firmes nos dias normais, na rotina do dia a dia e marcam presença nos dias de festa, celebrando suas conquistas. Mas, acima de tudo, estão perto quando ninguém mais está durante os momentos de dor e confusão. Aliás, é nos momentos mais sombrios que identificamos quem é um verdadeiro amigo ou, mais que isso, um irmão.

O maior exemplo de amizade que temos, no Novo Testamento, é o de Jesus. Ele se apresenta a nós como amigo:

> Ninguém tem maior amor do que aquele que dá a sua vida pelos seus amigos. Vocês serão meus amigos, se fizerem o que eu lhes

> ordeno. Já não os chamo servos, porque o servo não sabe o que o seu senhor faz. Em vez disso, eu os tenho chamado amigos, porque tudo o que ouvi de meu Pai eu lhes tornei conhecido. (João 15:13-15)

É interessante perceber que foi ele quem buscou esse relacionamento conosco. Partiu dele a escolha de desenvolver uma amizade com seus seguidores. Podemos dizer que Cristo anseia por este tipo de intimidade com os seus discípulos, de modo que não os chama de servos, mas de amigos.

Jesus é o amigo que ultrapassou todas as expectativas. Pois, além de prometer e, de fato, estar ao nosso lado nos maus momentos, ele enfrentou sozinho o pior momento de todos, para que, na eternidade, pudéssemos desfrutar apenas dos melhores momentos. Ele fez isso ao suportar sobre si o castigo que estava destinado a nós, homens pecadores. Jesus deu sua vida por seus amigos.

Esse é o padrão de amizade que temos de procurar desenvolver no trato com as pessoas que nos rodeiam, mas, acima de tudo, com o nosso cônjuge. Estar ao lado dele nos momentos mais difíceis, com uma palavra de consolo ou, quando palavras se mostrarem ineficazes, com um abraço. É um grande desafio!

Amor-amizade no casamento

Como falamos acima, muitos casamentos nascem de uma amizade e essa é uma grande vantagem. É comum ouvir que os opostos se atraem, mas creio não ser necessariamente assim. Os opostos tendem, sim, a se completar, mas, de início, pontos de afinidade em comum atraem mais do que os antagonismos.

Tenho muitas diferenças com Valéria, mas os pontos comuns geraram em nós um amor-amizade incontestável. No início de nosso namoro, o que nos atraiu foram nossas afinidades; assuntos como músicas, praia, Deus, igreja etc. Mas depois vimos que havia muitas diferenças de temperamento, criação, padrões familiares, entre outros. Nada disso nos afastou, pois, os gostos que nos aproximavam deram base ao nosso projeto comum de vida. O Philia ressaltou aos nossos olhos mais os pontos que nos uniam do que aqueles que nos afastavam, e isso ajudou na caminhada conjugal. Somos amigos em todo tempo, e essa amizade nos libertou de ciúmes, invejas, competições e outros comportamentos tão danosos ao casamento.

Talvez a pergunta que fique no ar é se a amizade pode sobreviver ao namoro e permanecer no matrimônio, dada a existência de outras faces do amor, como Eros e Storgé, que são mais específicas do relacionamento conjugal e familiar. A resposta é: o Philia não só pode como deve permanecer! Isso só traz benefícios ao casal.

Ora, em um casamento a amizade se faz necessária. Eu sou amigo de minha esposa e ela é minha amiga. Temos um sentimento de amizade tão forte que não se cogita um ato de desconsideração ou de falta de respeito para com o outro. Não existe nenhuma possibilidade de haver um casamento completo sem os cônjuges serem amigos. O amor-amizade ajuda o casal a ser parceiro e desejar o bem do outro.

Algumas coisas que colaboram para a preservação do casamento podem ter prazo de validade, mas a amizade não. Um casal permanecerá amigo até mesmo quando provavelmente não restarem muitos dos atrativos que fizeram diferença no relacionamento. Com o amor-amizade, ambos têm a certeza de que o outro está vendo a situação pelo mesmo ângulo e, portanto, realizam a mesma abordagem. Dessa forma, o amor-amizade é fundamental para a consolidação do casamento. Os amantes-amigos estão sempre lado a lado, olhando adiante em busca do mesmo objetivo, com os mesmos parâmetros em mente.

Há alguns anos, uma canção me soou bem o Philos no casamento: *Velha infância*,* gravada pelos Tribalistas. Veja no trecho abaixo o que os versos da estrofe dizem sobre o amor e a amizade, ou melhor dizendo, a amizade no amor:

> Eu gosto de você
> E gosto de ficar com você
> Meu riso é tão feliz contigo
> Meu melhor amigo
> É o meu amor

Se leu esses versos com atenção, poderá reconhecer que existem horas em que tudo o que você precisa é exatamente sentir-se criança novamente e rir sem preocupações ao lado de alguém querido. Ao mesmo tempo, sabe que essa pessoa estará também ao seu lado nos momentos menos felizes e descontraídos e poderá contar com ela para guiar-lhe nos dias escuros.

Outra grande vantagem da amizade no casamento é o ambiente seguro que a confiança e a lealdade proporcionam. Dois amigos não têm problemas em expandir sua amizade para incluir mais um terceiro ou quarto indivíduo e compartilhar a vida com eles. Sabem que isso não abalará sua amizade, mas que, em vez disso, trará novas dimensões e oportunidades ao seu relacionamento.

É claro que, de maneira nenhuma, a relação conjugal pode incluir um terceiro ou quarto elemento entre o casal. No entanto, é certo que, ao longo da vida, novas pessoas se aproximarão do casal, seja com o nascimento de filhos, com a chegada de agregados à família, com novos colegas de trabalho, de ministério na igreja etc. Por causa da lealdade que o Philia proporciona, o casal não precisa ter ciúmes e nem medo dessas adições, pois sabe que não irão abalar o relacionamento.

* Canção composta por Arnaldo Antunes, Carlinhos Brown, Marisa Monte, Davi Moraes e Pedro Baby.

Essa face do amor é especialmente necessária com a chegada da meia-idade, pois nesse tempo o nível de estresse se eleva devido às demandas do dia a dia e também das limitações que a idade impõe. Graças à amizade, o peso da nova rotina pode ser compartilhado. Assim, o casal pode enfrentar as oscilações da vida de modo mais facilmente administrável, sem abalar a relação (embora ela também ganhe novos contornos e novas dinâmicas com o passar do tempo).

Tudo isso é possível porque, com o Philia, o casal aprende a respeitar os sentimentos e as limitações do outro, algo de se esperar numa amizade verdadeira.

A respeito disso, lemos no livro de Provérbios, mais uma vez, que "O que entoa canções ao coração aflito é como quem tira a roupa em dia de frio, como vinagre sobre ferida" (25:20). Aqui, onde moro, o inverno não é tão rigoroso a ponto de eu conseguir imaginar claramente o quanto seria cruel tirar a roupa num dia frio. Porém, sou capaz de conceber muito bem a dor que sentiria se um pouco de vinagre caísse num corte em minha mão. Salomão diz que essa dor é a mesma que alguém sente quando, estando triste ou carente de ajuda, ouve alguém feliz como um passarinho ao seu lado, numa demonstração de total falta de empatia.

O casal que desenvolve o Philia tem essa sensibilidade um para com o outro. Essa face do amor permite que o cônjuge respeite os dias ruins do outro, com grande dose de amor e compreensão. Isso porque, no amor-amizade, a "nossa" felicidade é mais importante do que "minha" felicidade. Muitos casamentos comparativamente felizes são construídos sobre esse fundamento. É muito bom quando marido e mulher são amigos.

Lamentavelmente, alguns casais que dizem se amar não conseguem ser amigos no dia a dia. A prova disso é que não demonstram o mínimo de prazer e empolgação com a companhia, os interesses e os assuntos um do outro; e também não conseguem se condoer com a tristeza do cônjuge.

Imagine até aonde consegue chegar um casamento sem Philia. Em minha experiência como pastor, não conseguirei lembrar-me de quantas vezes vi casais que se amavam, mas que, pela ausência do Philia, terminaram se separando. Em grande parte, a separação foi causada pela falta de segurança e empatia que somente uma amizade verdadeira pode proporcionar.

A ausência do Philia traz outros danos ao relacionamento. Além de não se encontrar em um ambiente seguro, de empatia e sensibilidade, a relação sofre desgastes por causa da intolerância e impaciência, podendo levar o casal a ponto de competir um com o outro. Quantos casamentos parecem muito mais um cabo de guerra do que uma parceria? Esteja certo de que a ausência do Philia é uma das principais razões, pois amizade é cumplicidade, e isso significa poder dizer: "Nesse casamento, nós estamos juntos para o que der e vier".

Um casamento dificilmente sobreviverá se não desenvolver o Philia em sua relação cotidiana. O problema é que há casamentos nos quais o amor-amizade nunca existiu, ou que não compreendem sua importância. Acreditam que grandes doses de Eros ou de Storgé serão suficientes, mas sem Philia, a relação pode ficar amarga, muito difícil de suportar. Como falamos, nenhuma face do amor pode ser substituída pelas outras. Elas se completam e agregam valores diferentes ao relacionamento.

Assim, convido você a refletir sobre como anda o Philia em seu relacionamento conjugal:

- Quais são os benefícios que seu casamento colherá se o amor-amizade estiver mais presente entre você e seu cônjuge?
- Você oferece ao seu cônjuge esse ambiente seguro e acolhedor, proporcionado pelo amor-amizade? Como

pode transformar seu matrimônio no oásis de amor e segurança de que você e seu parceiro tanto precisam?

Desenvolvendo a amizade no casamento

Um estudo conduzido pelos economistas John Helliwell, da Faculdade de Economia de Vancouver, e Shawn Grover, do Departamento Canadense de Finanças,[8] mostrou que a satisfação dos casados é superior à dos solteiros em todas as situações, e que os que desenvolvem uma amizade e consideram o cônjuge seu melhor amigo são mais felizes no casamento. O estudo mostrou ainda que a felicidade pode se estender para muito além do período de lua de mel, que naturalmente é considerado o momento de êxtase e felicidade na vida conjugal, dada a grande expectativa que envolve.

Outro estudo, feito na Universidade de Washington pelo psicólogo John Gottman, constatou que a amizade é um forte componente da estabilidade de um casamento. A metodologia usada por Gottman para essa pesquisa, que transcorreu ao longo de dezesseis anos, foi bastante interessante. Setecentos casais viveram numa espécie de *reality show*, que monitorava tudo o que se passava, inclusive batimentos cardíacos e outros dados fisiológicos. O resultado dessa pesquisa mostrou que a amizade foi o fator comum dos casamentos que seguiram estáveis com o passar dos anos e não caminharam para o divórcio.[9]

O que me chamou a atenção com essas pesquisas é o fato de que a amizade não está automaticamente presente no casamento, e nem que há garantias de que um casal que começou o relacionamento com base na amizade permanecerá amigo para sempre.

Não podemos achar que, só por dividir a casa com o cônjuge, somos amigos. A amizade que deu início ao relacionamento, lá atrás, ainda na época do namoro, precisa ser levada para dentro do casamento, onde deve ser preservada e cultivada para que continue a crescer e unir os parceiros.

Como podemos, então, desenvolver o Philia em nosso matrimônio? Sugiro, a seguir, algumas atitudes que, sendo incorporadas no dia a dia do casal, podem contribuir para o crescimento de ambos em amizade.

Admiração

Cada um de nós tem um valor particular, algo que Deus colocou especialmente em cada pessoa e que não pode ser facilmente encontrado em outra. Tal valor, quando reconhecido, traz para o relacionamento um aporte de respeito e consideração, que faz do casamento algo bem diferente de uma caminhada solitária.

Os amigos geralmente são as primeiras pessoas fora de nosso círculo familiar que notam e admiram nossos valores particulares. Perceba o quanto os verdadeiros amigos se olham mutuamente com um senso de admiração, sem qualquer vestígio de inveja, e exaltam os pontos fortes do colega para si e para outras pessoas. Essa admiração mútua fortalece a amizade.

Na amizade real há admiração porque, como temos dito aqui, amigos não competem entre si, apoiam-se. Tenho alguns verdadeiros amigos que recebem minha total admiração por sua bravura, coragem e resiliência, bem como por sua sabedoria, discrição e sensibilidade. Não abro mão da amizade deles por nada. Somos parceiros, companheiros, totalmente desinteressados em qualquer outra coisa que possamos obter um com os outros além da amizade que temos.

Veja bem: tenho certeza de que esses amigos não são perfeitos. Eles erram, assim como eu, e falham em diferentes áreas, porém, a amizade e o convívio que desenvolvemos, bem como as situações da vida pelas quais passamos juntos, levaram-nos a ser parceiros em todo tempo. Nossa amizade foi forjada com elementos fortes de ajuda, caminhada e apoio mútuos, isso nos levou a um patamar diferente de qualquer outro relacionamento, ao Philia, a face amiga do amor.

Perceba também que uma amizade não sobrevive — se é que, um dia existiu — sem admiração recíproca. Se apenas um dos amigos admira o outro, o que se tem é uma relação desiquilibrada, quase uma idolatria. Da mesma forma, é penoso o relacionamento em que o outro só censura seu jeito de ser e fazer as coisas e fica ainda pior se essa pessoa diz fazer isso porque é sua "amiga".

A ausência de admiração é tão letal no casamento como na amizade — se não for ainda mais corrosiva. Não foram poucas as vezes em que identifiquei a total falta de admiração como sendo a responsável por crises e rompimentos de casais que atendi. Não precisei perguntar, mas se questionasse "Você admira seu cônjuge?", a resposta seria um sonoro "Não". Quando isso acontece, a relação está em risco. Existe uma brecha, uma ferida aberta que compromete toda a estabilidade do relacionamento.

Uma das marcas de um casamento seguro é a admiração mútua. Se há apreço, estima e valorização do outro, garantem-se praticamente todas as atitudes que listo nessa seção do capítulo. Haverá maior tolerância, respeito, e tantas outras coisas que só beneficiam a relação. Quem admira se empolga com os interesses do outro, tende a ajudar o parceiro a superar desafios e limitações, e também age com misericórdia, porque compreende qual é o verdadeiro valor do outro e não está disposto a perdê-lo.

Não podemos admirar nosso cônjuge como alguém que admira um produto na vitrine de uma loja e vai embora. É preciso expressar a admiração que temos por ele. Faz-se necessário evidenciar nosso apreço, e creio que a melhor forma de demonstrar isso é por meio de elogios.

A autoestima de uma pessoa cresce ou diminui quando recebe ou não palavras de consideração e apoio. Eu me sinto bastante valorizado quando escuto de Valéria palavras que elevam minha estima e que me motivam a prosseguir. Sei que ela faz isso porque me ama, e uma das maneiras de mostra esse amor é sendo amiga e interessada em valorizar o marido.

Um elogio é um excelente combustível para o casamento, e amigos verdadeiros possuem o hábito de se elogiar reciprocamente ou de se surpreender de maneira positiva com as habilidades do outro.

Então, que tal desenvolver essa prática em seu casamento? Dizer à esposa "Bom dia, você está linda hoje!" ou falar ao marido "Você é excelente nisso que faz" mostra que existe amor-amizade em seu relacionamento, e que está interessado em fazer o outro sentir-se bem e feliz ao seu lado.

Casais que não estão acostumados poderão achar que os elogios soarão falsos ou forçados. Pode até ser que, no começo, seja mesmo um pouco forçado, mas a prática leva à perfeição. Pense em algo que você realmente admira no outro — um traço de seu caráter ou personalidade, uma tarefa doméstica ou profissional que ele executa muito bem — e expresse a ele como você gosta daquilo. Não precisa dizer nada elaborado, apenas uma frase simples e clara que comunique ao outro a sua admiração. O único ponto de atenção é: jamais emende um elogio a uma crítica. Ela certamente diminuirá o impacto do elogio e, no fim, o outro pode ficar com a sensação de que foi somente repreendido.

Cônjuges cujo relacionamento encontra-se abalado pela falta de admiração poderão até pensar que não há nada que elogiar no parceiro. Se esse for o seu caso, considere estas palavras: "Cada um de nós tem um valor particular, algo que Deus colocou especialmente em cada pessoa e que não pode ser facilmente encontrado em outra". Seu cônjuge foi feito por Deus à imagem e semelhança dele, e possui, sim, algo digno de admiração. Talvez você mesmo tenha reparado nisso no início do relacionamento, ainda no namoro, mas, por algum motivo, se esqueceu. Cabe a você resgatar esse valor em seu parceiro. Creio que, ao elogiar de maneira sincera e clara as qualidades dele, seu cônjuge se sentirá mais valorizado e permitirá que você encontre nele muitos outros pontos dignos de admiração.

Gostaria de alertar que existem muitas pessoas que estão prontas para elogiar seu cônjuge neste exato momento, e certamente irão fazê-lo. Entenda, portanto, que poupar elogios é lançar seu parceiro num poço sem fundo. Talvez você não possa fazer nada para evitar que outros o elogiem, mas pode elogiá-lo primeiro e trazer esse crédito todo a quem ele pertence por direito, ou seja, você. Não perca nenhuma oportunidade de elogiar e aumentar a autoestima de seu cônjuge.

De modo geral, creio que todos os casados se beneficiarão da prática da admiração mútua em seu relacionamento. Por isso, convido você a refletir sobre como implementar e melhorar essa área em sua vida conjugal:

- Quais benefícios você colherá em seu relacionamento se elogiar mais seu cônjuge, tanto em particular como em público?
- E quanto a você? Tem buscado ser uma pessoa digna de admiração? Tem desenvolvido uma atitude claramente amável, atenciosa e respeitosa em relação a seu cônjuge e também para com outras pessoas?

Atenção

Muitos conhecem de cor uma máxima extraída do livro *O pequeno príncipe* que diz: "Tu te tornas eternamente responsável por aquilo que cativas".

Para mim, o que essa célebre frase revela é que quando os laços de amizade se estabelecem, é natural que os amigos esperem ser foco da atenção e do cuidado do outro. Tal atenção pode não ser cobrada, mas é uma responsabilidade que os amigos alegremente cumprem.

Esse cuidado faz parte das verdadeiras amizades. Certo dia, sentado à mesa de almoço com um grande amigo, escutei que ele acabara de perder o emprego. Imediatamente ocorreu em minha mente: "O que podemos fazer?". Junto com outro amigo que temos em comum, buscamos uma oportunidade de recolocação profissional, uma porta que pudesse se abrir para nosso colega.

Esse sentimento de dar e prestar atenção às necessidades do outro é comum e inato a uma verdadeira amizade. Significa efetivamente colocar-se no lugar do outro e sentir a mesma dor, perda ou decepção. É esse tipo de empatia que Jesus nos exortou a demonstrar quando estabeleceu a base das relações humanas, colocando o amor ao próximo como o resumo de toda a Lei (Marcos 12:33).

Exploraremos no último capítulo essa face do amor voltada ao próximo, porém, já adianto que o Philia possui muitos traços dela. Esse amor que nasce da caminhada lado a lado desenvolve enorme empatia pelo outro. Alegra-se com suas alegrias, aflige-se com suas aflições, chora suas perdas, comemora suas vitórias e atravessa de braços dados os desafios da vida. Faz isso porque, afinal de contas, enxerga tudo o que o outro recebeu, seja bom, seja ruim, como se fosse para si mesmo.

Desenvolvemos a atenção no casamento quando nos dispomos a ouvir. Tudo começa com "Dormiu bem esta noite?" e vai até o

"Como foi seu dia hoje?", sempre perguntados com real interesse, pois não se trata de um protocolo. Essa prática de dar atenção ao outro levará você a se colocar no lugar dele. Isso lhe traz um grande benefício no casamento, pois, vendo as coisas da perspectiva do outro, você poderá compreender melhor cada situação.

Não abro mão de fazer isso e percebo que, quando não faço, trago algum prejuízo para meu casamento, pois enxergo tudo apenas por um prisma. Nenhuma situação no casamento pode ser compreendida se abordada apenas por um lado, sob uma única perspectiva. Essa é uma das razões pela qual os conselheiros e terapeutas, quando neutros em relação ao paciente, são capazes de compreender ambos os lados de um conflito. Isso lhes possibilita dar o direcionamento adequado.

Prestar atenção à situação do outro será sempre uma atitude que enriquecerá o casamento. Mostre-se cuidadoso e responsável por seu cônjuge, esteja atento às necessidades dele. Acima de tudo, a verdadeira amizade é solidária.

Respeito

Já mencionamos que o livro de Provérbios é uma verdadeira mina de ouro em conselhos sobre amizade. Um deles diz o seguinte: "Não faça visitas frequentes à casa do seu vizinho para que ele não se canse de você e passe a odiá-lo" (Provérbios 25:17). O que esse verso quer dizer? De maneira sucinta, Salomão aconselha a respeitarmos o espaço do outro para que nossa presença seja sempre um prazer, não um fardo.

O respeito é fundamental à amizade. Assim como ela não sobrevive sem admiração mútua, tampouco prosperará sem respeito.

Isso inclui, entre outras atitudes, ter consideração pelo outro. Em primeiro lugar, respeitamos o outro por quem ele é, principalmente, por quem ele é *para mim*. Um amigo meu pode não ser ninguém em especial para os outros, mas para mim, ele é importante simplesmente porque é meu amigo. Em segundo lugar, respeitamos o outro pelo que ele *faz*. Alguém que, por exemplo, se dedica a limpar e manter em ordem meu ambiente de trabalho merece meu total respeito.

Demonstramos nosso respeito pelas pessoas principalmente quando nos deparamos com suas necessidades ou seus pedidos, por menores que sejam. Se as atendemos, elas saberão que as respeitamos. Se as deixamos esperando, provavelmente irão duvidar de que temos o mínimo de consideração por elas.

Isso vale para a amizade e também dentro do casamento. A intensidade da vida leva os cônjuges a estarem, na maior parte do tempo, sob um alto nível de estresse que varia de acordo com as épocas da vida e do casamento, mas cada uma tem suas demandas específicas. O início da vida conjugal tem o desgaste provocado pela adaptação ao convívio diário. A chegada dos filhos traz rotina e obrigações totalmente novas; a maturidade apresenta desafios de saúde e de mudança na dinâmica da casa, com a saída dos filhos. Tudo isso sem falar nas exigências apresentadas pela vida profissional.

Diante de tantas demandas, surgem muitas necessidades pessoais, como ter um tempo de descanso e relaxamento, ou às vezes, só de alguns minutos de silêncio.

Em muitas situações, marido e mulher terão necessidades que precisam ser atendidas quase ao mesmo momento. Se no relacionamento deles não houver o respeito proveniente do Philia, seu matrimônio estará muito suscetível a se transformar numa grande competição. Cada um brigará com o outro para ver quem será atendido primeiro, em vez de se ajudarem mutuamente ou de abrirem mão de algo em favor do outro. Nada poderia estar mais distante do projeto de parceria e reciprocidade que Deus designou para o casamento.

Certa vez, conversei com uma pessoa que passava por um momento de crise em sua relação matrimonial. Como não conhecia seu cônjuge, questionei como era a vida do casal e quais eram suas atitudes em relação ao casamento. Logo percebi que cada um possuía uma agenda pessoal muito intensa, com muitas cobranças. Os filhos, ainda pequenos, demandavam o pouco tempo e atenção que restavam. Observei que traços da dinâmica deles resultavam num relacionamento competitivo, e que isso se devia à ausência do Philia. Ambos caminhavam na direção de considerar o cônjuge mais um adversário do que um parceiro.

No desenrolar da conversa, perguntei: "Você tem faltado com respeito ao seu cônjuge durante todo esse tempo?". A resposta foi: "Você acertou em cheio. Respeito é tudo que não tive para com ele esse tempo todo". Aquela crise poderia ter sido evitada, e as demandas seriam suavizadas se ambos se respeitassem mais.

Quando os cônjuges são amigos, o respeito existe. Dessa maneira, são capazes de vencer os desafios da vida de mãos dadas. Por causa da atenção devotada ao outro, sabem das pressões que o parceiro está sofrendo e respeitam seus limites, seu espaço e seu tempo.

Vamos verificar como anda o respeito em seu relacionamento?

- Em que momentos você pode, e talvez até precise, demonstrar mais respeito por seu cônjuge?
- De quais demandas particulares você pode abrir mão quando precisar atender a uma necessidade de seu parceiro?

Tolerância

Quando devotamos ao outro admiração, atenção e respeito, naturalmente a tolerância brota no convívio. Afinal, estamos cientes do grande valor que o outro tem e sabemos, pelo menos em partes, quais são as dificuldades que a vida lhe proporciona. Assim, quando ele não está bem, ou simplesmente está de mau humor, podemos ter mais condições de compreender o porquê e conseguir relevar.

De qualquer forma, a tolerância deve existir, acima de tudo, por causa de nossa natureza falida. Buscamos ser tolerantes partindo do pressuposto e do princípio bíblico milenar de que ninguém é justo, nem faz o bem (Romanos 3:10-12) — ou seja, que todos pecaram, são falhos, incapazes de fazer as coisas da maneira que Deus quer. Isso nos inclui. Quando entendemos essa verdade acerca de toda a raça humana, somos capazes de tolerar a imperfeição e as falhas dos outros, somos menos seletivos em nossas exigências e padrões de amizade e, consequentemente, ganhamos mais amigos.

É comum encontrar casais que possuem altas expectativas um em relação ao outro e que se casaram na esperança de que o cônjuge iria mudar. Insisto em que todos podem mudar, mas entrar em um casamento esperando esse momento, mais do que qualquer outra coisa, significa que algo não foi tratado na hora certa, ou que se fez uma concessão capaz de comprometer todo o relacionamento.

Aqueles que foram regenerados pelo Espírito Santo podem partir na frente no exercício da tolerância porque, além de compreenderem a natureza decaída do ser humano, também têm o fruto divino sendo produzido em seu interior, o qual gera a paciência: "Mas o fruto do Espírito é amor, alegria, paz, *paciência* [...]" (Gálatas 5:22).

A tolerância é irmã gêmea da paciência. Ser tolerante não significa fazer vistas grossas ao erro ou ao pecado do outro, mas compreender que essas coisas são praticamente inevitáveis na caminhada humana. Ao ser tolerante, o cônjuge-amigo estará apto a estender seu perdão porque reconhece que ele também irá necessitar de perdão em ocasiões futuras e caminha ao lado do parceiro em busca da restauração e vitória sobre os pecados.

- De que maneira você pode demonstrar mais tolerância para com seu cônjuge? Quais são as situações específicas em que você tem dificuldade de ser tolerante com ele?
- Que benefícios você colherá em seu relacionamento se ajustar suas expectativas em relação ao seu parceiro de acordo com a verdade bíblica de que todos são falhos e não há quem faça o bem?

Praticando a amizade

Cônjuges não se tornam amigos quando dividem a cama, o dinheiro, as tarefas e as responsabilidades. Pessoas que não são amigas podem fazer isso pela força de um simples acordo. Da mesma forma, um casal cujo relacionamento nasceu de uma grande afinidade não garantir que a amizade permanecerá ao longo dos anos se ela não for nutrida dia a dia.

Vimos que o Philia se estende para além de acordos, pois se trata de um compromisso voluntário, mas que carece de cuidados para que esteja sempre exuberante dentro do relacionamento conjugal.

Aliás, esse é um ponto que difere bastante entre a amizade no casamento e a amizade com outras pessoas. Enquanto é possível passar anos sem se comunicar com um amigo, e mesmo assim manter a amizade quase intacta, é impossível fazer o mesmo no casamento. Isso acontece porque, embora seu amigo possa ser considerado um verdadeiro irmão, como vimos em Provérbios, seu cônjuge é *uma só carne* com você. Para que nosso corpo continue saudável, ele precisa de cuidados e manutenção diários.

É por isso que o Philia precisa ser cultivado intencionalmente em seu matrimônio. Ele não brotará espontaneamente. É preciso buscar outras áreas de interesse entre vocês dois e expandir as que vocês já têm em comum. Busquem unir-se em torno de novos objetivos, novos projetos de vida. Isso fortalecerá seus laços de amizade e também auxiliará ambos a descobrirem novos potenciais em si mesmo e no outro.

Exercite a admiração, a atenção, o respeito e a tolerância diariamente. Não espere a oportunidade "aparecer". Crie suas próprias oportunidades, invente maneiras de demonstrar ao seu cônjuge seu apreço por ele. Seu parceiro e seu relacionamento só têm a lucrar quando você investe em um estilo de vida altruísta.

Acima de tudo, centralizem sua amizade no verdadeiro Amigo. Posso afirmar que haverá momentos em que você não sentirá a mínima inclinação em ser gentil e amigável com seu cônjuge, seja por conta de algo que ele fez, seja por uma fase que você mesmo está passando. Nesses momentos que atingem todos nós, precisamos encontrar força, consolo, vigor e inspiração naquele que deu a vida por seus amigos. Jesus ama você incondicionalmente, portanto, é capaz de infundir em seu coração a dose necessária de Philia para tratar seu cônjuge com o carinho que ele merece.

Capítulo 4

O aspecto glorioso da Afeição é que pode unir aqueles que mais enfaticamente não estão unidos, e isso pode acontecer, até de modo cômico, com pessoas que, se o acaso não tivesse colocado na mesma família ou comunidade, jamais teriam qualquer tipo de relação na vida. [...] Depois de simpatizar com "fulano de tal", a princípio porque ele simplesmente está ali, começo a perceber que realmente "existe algo cativante nessa pessoa".

Os quatro amores[1]

4

A face Storgé Meu cônjuge, meu irmão

Acho surpreendente a forma como os animais se apegam às pessoas, e vice-versa. Comentei sobre Hazak, meu enorme dogo argentino que, com seus 50 quilos, pode parecer assustador para algumas pessoas. Ele, de fato, às vezes dá a impressão de ser ameaçador, pois sua raça possui um instinto de guarda e proteção. Sendo assim, não tenho dúvidas de que Hazak, se necessário, irá proteger seu espaço e sua "matilha", ou seja, a nossa família.

Porém, dentro do ambiente seguro e familiar da casa, ele é manso como um filhote e até se esquece do tamanho que tem. Quando estou com Valéria na cama, assistindo a um filme, Hazak pula e se aconchega entre nós dois, como se fosse um gatinho, tomando todos os espaços vazios. Com a cabeça, "pede" afeto, e ao receber um carinho nas orelhas, ronca de satisfação.

Para nós, o convívio com esse canino gigante gerou uma afeição que, às vezes, nos impressiona. Hazak responde com afeto aos seus "queridos". Ele balança o rabo alegremente para uma criança por quem tem afeição, e desmancha-se com um afago. Ao mesmo tempo, late para um estranho que nunca lhe fez mal, mas se alegra com conhecidos que, talvez, nunca lhe tenham feito nada de especial.

Você acha que essa ligação de duas vias que se estabeleceu entre minha família e Hazak pode ser considerada uma forma de amor? A afeição que temos pelo cão, e ele por nós, corresponderia a uma face do amor?

Os gregos antigos dizem que sim. Dentre a diversidade de palavras que utilizavam para designar o amor em suas diferentes demonstrações, havia um termo que expressava especificamente esse amor natural, singelo e tranquilo que une seres vivos de tipos e até de espécies diferentes num elo de afeição e ternura. Tal palavra é "storgé".

Este termo designa a face doméstica, familiar e fraternal do amor. A princípio, "storgé" seria mais utilizado para descrever o carinho que pais e filhos sentem entre si, mas também pode ser empregada para expressar a ternura entre cônjuges, irmãos, amigos e até, como vimos, entre animais e seus donos.

Diferentemente de Philia, Storgé não une pessoas com gostos semelhantes, mas aproxima em comunidade até mesmo os que são opostos, e lhes permite conviver em harmonia. Ao contrário de Eros, ele não brota de instintos sensoriais, mas nasce de um simples apreço pela bondade e autenticidade que o outro lhe estende.

O ponto forte do Storgé é a *mutualidade* do sentimento. Sua ênfase não está tanto no afeto, mas na troca, na dinâmica de carinho que existe entre as duas partes relacionadas. Essa ênfase na reciprocidade permitiu que escritores antigos empregassem o vocábulo para designar o respeito mútuo que havia entre reis e seu povo, e até entre um país e suas colônias.[2]

Podemos entender a palavra "storgé" em termos de "ternura, apego, carinho". C. S. Lewis o traduziu como "afeição", que é igualmente viável. Para esse autor, a face Storgé se revela quando estamos diante de alguém que, embora não faça "o nosso tipo", conseguimos perceber que se trata de um bom sujeito "do jeito que ele é".[3] Ou seja: somos capazes de apreciar os pontos positivos de uma pessoa e gostar dela ainda que, de alguma maneira, não tenha o que basta para a considerarmos uma "amiga".

Essa atitude includente é desenvolvida apenas pelo Storgé. Ele é capaz de ignorar as diferenças e minimizar os gostos pessoais pelo bem da coletividade, da comunidade, da família. Com Storgé, pessoas que dificilmente se uniriam ou desfrutariam com prazer da presença uma da outra, conseguem integrar uma mesma equipe e desenvolver uma afeição que está, em muitos casos, baseada no simples fato de compartilharem da mesma humanidade e participarem de um mesmo grupo. De maneira prática, podemos entender Storgé como a "cola" que une integrantes de uma mesma equipe esportiva, sala de aula, igreja local, família, comunidade etc.

Como vimos, o Eros nasce a partir dos nossos sentidos, atiçados por uma voz, um visual e um jeito que nos fascinam e nos levam a desejar o amado. Já o Philia se desenvolve a partir de afinidades, da caminhada ao lado de alguém que compartilha do mesmo gosto que nós. O Storgé, por sua vez, expande nossa mente, levando-nos a apreciar pessoas que, de um modo ou de outro, cruzaram nosso caminho, ainda que nossos gostos pessoais jamais se encontrem. Dessa forma, podemos devotar o Storgé a mais pessoas do que o fazemos com o Philia ou o Eros.

Gostaria de ressaltar que todas as palavras que expressam "amor" no idioma grego, as quais temos visto ao longo deste livro, têm aspectos coincidentes. Tanto Storgé como Philia implicam apreço; Eros e Philia possuem uma dimensão sacrificial e exclusiva, e por aí vai. Isso porque todas elas são faces do amor. Assim, é até esperado que se "esbarrem" em alguns pontos. Porém, de modo algum, podemos substituir uma pelas outras. Cada qual contribui de maneira única para o nosso relacionamento conjugal, e também para a plenitude de nossa existência como seres humanos.

Storgé e a família na Bíblia

O termo "storgé" foi utilizado na Bíblia apenas pelo apóstolo Paulo, em três ocasiões distintas. Em todas as ocorrências, "storgé" não aparece sozinha, mas foi combinada pelo apóstolo a outros termos em grego, gerando expressões bastante interessantes.

A primeira é "astorgos", que significa literalmente "sem storgé". Veja abaixo como ela foi traduzida para o português:

> [...] são insensatos, desleais, *sem amor pela família*, implacáveis. (Romanos 1:31)

> *[...] sem amor pela família*, irreconciliáveis, caluniadores, sem domínio próprio, cruéis, inimigos do bem. (2Timóteo 3:3)[4]

As duas passagens fazem parte de um contexto em que Paulo fala sobre a impiedade de homens que negam a Deus e, como consequência disso, agem de maneira totalmente reprovável. Uma das características de sua impiedade é justamente a falta de amor pela família ("astorgos"). Trata-se de uma atitude digna de nota, pois, por mais cruéis que as pessoas possam ser, ainda se espera que elas reservem um pouco de afeto por seus pais ou filhos. Jesus enfatizou isso quando disse que amar e tratar bem o irmão era algo que até os pagãos — gente que não temia a Deus — eram capazes de fazer (Mateus 5:46,47).

Assim, "astorgos" marca um grau extremo da crueldade no ser humano. Imagine alguém sem qualquer afeição por nada nem ninguém, nem mesmo pelos próprios familiares. Esse seria o retrato de um homem sem Storgé.

A imagem é chocante porque Storgé seria a face mais natural do amor. Ele não precisa "fazer força" para brotar e nem de estímulos; está naturalmente ligado àqueles que nos cercam. Com isso, possui certo instinto de proteção voltado para o grupo, para a preservação da família e da comunidade. Como a família é o primeiro grupo do qual fazemos parte na vida, é natural que nossos instintos se desenvolvam na direção de protegê-la. É por isso que quem não possui um pingo de amor pelos seus parentes chegados, pelos pais, irmãos e filhos, só pode mesmo ser considerado, como fez Paulo, alguém cruel e rebelde a Deus.

A segunda ocorrência da palavra "storgé" nas Escrituras é bem mais positiva. A expressão em que aparece é "philóstorgos" que, como você pode imaginar, é uma mistura de "philia" com "storgé". Ela foi traduzida assim:

> Dediquem-se uns aos outros com *amor fraternal*. Prefiram dar honra aos outros mais do que a si próprios (Romanos 12:10).[5]

Essa é a única ocorrência de "philóstorgos" em toda a Bíblia. Como "astorgos", ela também está sendo utilizada no âmbito familiar, mas de uma natureza diversa, pois se trata da família de Deus.

Paulo está exortando seus leitores, cristãos que viviam em Roma, a demonstrarem entre si o mesmo tipo de amor que possuíam em relação a seus parentes de sangue. Mas veja que ele concentra os laços fraternais ao utilizar duas faces do amor, a face Philia e a Storgé, para expressar o tipo de sentimento que deve existir na igreja. A Philia existe porque, entre irmãos em Cristo, há muitas afinidades. São todos salvos pela graça e pelo sacrifício de Jesus; buscam a glória do Pai; todos são habitados pelo mesmo Espírito, que opera em cada um para a edificação mútua. Cristãos têm todas as características necessárias para serem amigos e se amarem em Philia.

Mas é preciso ter Storgé, inclusive porque os cristãos, naturalmente falando, provêm de contextos muito diversos, bem como vivem em circunstâncias bem diferentes. Imagine que naquela comunidade cristã à qual Paulo escrevia, incrustrada numa cidade tão cosmopolita como Roma, seria muito provável encontrar escravos e senhores, romanos e gregos, pessoas de origem judaica e ex-pagãos, todos reunidos para o mesmo culto. Para que formassem verdadeiramente uma família, era necessário que se amassem em Storgé. Apenas essa face do amor pode relevar as diferenças sociais, culturais e tantas outras, e incluir pessoas praticamente opostas num mesmo grupo, em harmonia.

Dessa forma, "philóstorgos" pode ser entendido como a expressão que designa aquele afeto especial que os membros da família de Deus possuem uns pelos outros. É o que sentimos quando, ao visitar uma igreja ou comunidade cristã onde jamais estivemos, somos acolhidos com muito carinho por pessoas que nunca nos viram. Em muitas ocasiões, essa ternura desinteressada permite que conheçamos melhor as outras pessoas e acabemos desenvolvendo uma amizade mais profunda e especial.

Perceba que, de todas as imagens que Deus usa para se referir ao seu povo, a da família é a mais comum. Ainda que a Bíblia se refira à igreja como "povo" ou "rebanho", nossa relação com o Senhor e uns com os outros é descrita mais em termos familiares: somos "irmãos" em Cristo, "filhos" do "Pai" celeste, fomos "adotados" na "família" de Deus etc. Vejo que, ao usar esse tema para descrever o relacionamento com seu povo, Deus nos revela a importância que a família tem para ele.

Família é ideia e projeto de Deus. As grandes alianças que Deus fez com a raça humana tiveram como ponto de partida uma família. O início de toda a humanidade aconteceu com a família de Adão e Eva; e o estabelecimento da nova aliança por meio de Jesus Cristo começou com a família de José e Maria. Passando por famílias importantes e relevantes no plano da salvação, como a de Noé, Jacó, Moisés e Samuel, Deus fez dos lares a matéria-prima para a transformação do mundo e desenvolvimento de sua missão. Esta última trata-se de um projeto que está em curso, visando à inserção de todos os salvos, em todo tempo espaço, em uma só família eterna.

Vivendo em família como em igreja

Quais são as implicações de desenvolver o Storgé em seu casamento? Talvez seja desnecessário afirmar que é preciso ter afeição por seu cônjuge e tratá-lo como um familiar, pois é o que vocês, de fato, são.

Porém, não quero me limitar a essa dimensão da família natural da qual seu parceiro e você fazem parte. Como vimos, o Storgé define também a relação entre os cristãos dentro da família de Deus. E a família de Deus inclui, por sua vez, pessoas que estão casadas umas com as outras. Sendo assim, pergunto-lhe: você costuma olhar para o seu cônjuge e ver nele um irmão em Cristo? Além de ser seu amante e seu amigo, vocês se relacionam como filhos de Deus? Você também ama seu cônjuge com o tipo de amor que deve devotar aos irmãos de sua comunidade cristã?

Pode ser que você nunca tenha pensado nele nesses termos, e é provável que isso lhe cause certo estranhamento porque muitas vezes pensamos que "irmãos em Cristo" são apenas aquelas pessoas com quem não temos nada em comum a não ser o fato de frequentarmos a mesma igreja. Na verdade, o *status* de "irmão" pertence a todo aquele que possui a salvação em Jesus e, se esse for o caso de seu cônjuge, ele também é seu irmão.

Acredito que, ver o parceiro sob essa perspectiva, beneficia muito a relação conjugal, pois expande nossa mente em termos de perceber o valor daquela pessoa que está ao nosso lado, e nossa responsabilidade para com ela enquanto membro do Corpo de Cristo. Quando o assunto é casamento, geralmente nos concentramos em estudar e observar na relação apenas os textos bíblicos que falam especificamente sobre matrimônio, como os de Efésios 5 e 1Coríntios 7, que vimos em capítulos anteriores. Com isso, acabamos por deixar de fora de nosso casamento algumas ordenanças bíblicas mais abrangentes, voltadas especialmente para o convívio de cristãos como igreja. Refiro-me a mandamentos como perdoar setenta vezes sete (Mateus 18:21,22), ter o mesmo modo de pensar (Filipenses 2:2), ser misericordioso (1Pedro 3:8), trabalhar pela edificação do outro (Romanos 15:2), entre muitos outros. Na verdade, o Novo Testamento traz pelo menos trinta mandamentos que são exclusivos ao relacionamento fraternal.[6] Embora alguns busquem seguir esses princípios na igreja, não é sempre que são aplicados dentro de casa, no trato com o parceiro.

Porém, agir assim, faria todo o sentido. Já vimos que a relação entre marido e mulher aponta para o casamento eterno entre Jesus e sua Noiva, a igreja. Dessa forma, somos convidados a imitar em nossa relação conjugal os mesmos princípios e atitudes apresentados no relacionamento de Cristo com a igreja. De igual modo, nossa família sanguínea também é um exemplo vivo de como funciona a família divina, formada por filhos e filhas de Deus, transformados em irmãos pela fé em Jesus. Se há mandamentos específicos para o relacionamento mútuo dessa família, devemos igualmente observá-los nas relações de nosso lar, com a certeza de que isso trará à nossa casa as mesmas bênçãos prometidas à igreja quando ela vive na harmonia do Espírito Santo.

Podemos, ainda, ampliar nosso olhar sobre a vida em igreja e pensar em como adotar na vida conjugal, além dos mandamentos, as práticas do culto e vida comunitária, tais como desfrutar da comunhão à mesa (realizada na igreja na forma da Santa Eucaristia, e que poderia ser mimetizada no lar por meio do compartilhamento regular das refeições), a oração e a leitura coletiva das Escrituras. Em minha caminhada, tenho percebido que não são poucos os cristãos casados que têm um profundo relacionamento pessoal com Jesus e que frequentam e participam ativamente da igreja local, mas que não desenvolveram o costume de orar, ler a Bíblia e ter comunhão espiritual com o cônjuge. É como se a intimidade que possuem não fosse suficiente para chegar até o interior de cada um e levar ambos a se tratarem como irmãos em Cristo. De maneira geral, noto nos casais cristãos certo pudor ou, em alguns casos, puro desinteresse em desenvolver uma intimidade espiritual entre si.

Estranhamente, há nisso uma "boa notícia", pelo menos em parte. Se você sente que é difícil se conectar com seu cônjuge no âmbito da espiritualidade, saiba que não é o único e que, de algum modo, isso é até normal. A falta de intimidade espiritual infelizmente faz parte dos relacionamentos desde o dia em que o primeiro casal pecou. Esse é, portanto, o lado ruim da "boa notícia". Tal dificuldade só existe por causa do pecado que está em nós.

Quando Adão e Eva comeram do fruto proibido, a Bíblia diz que "Os olhos dos dois se abriram, e perceberam que estavam nus; então juntaram folhas de figueira para cobrir-se" (Gênesis 3:7). Cada um ficou envergonhado diante do outro e o ato de se cobrir com folhas foi uma tentativa fracassada de esconder a nudez espiritual a que se lançaram naquele momento. Acredito que essa hora também marcou um profundo golpe no Storgé da primeira família, já que, quando Deus se aproximou, Adão tratou a esposa com amargura, pois disse ao Senhor: "Foi a mulher que me deste por companheira que me deu do fruto da árvore, e eu comi" (v. 12).[7]

Em outras palavras, a queda marca não apenas a quebra da intimidade entre Deus e o homem, mas também entre o homem e seu semelhante (no caso de Adão, sua própria esposa), em termos relacionais e também espirituais.

Contudo, o fato de esse distanciamento ser "normal" não quer dizer que devemos nos contentar ou acostumar com ele, pois só existe em função do pecado que atingiu a todos. Ele não faz parte do plano de Deus para a família e para o casamento que é, como vimos, refletir o compromisso eterno de Jesus com o seu povo. Se este é o objetivo do meu e do seu casamento, precisamos buscar a restauração do Storgé em nosso ambiente familiar a fim de refletirmos perfeitamente a comunhão que há entre Jesus e a igreja. Esse ato resulta na glória e no louvor a Deus.

Em busca do amor fraternal no casamento

Antes de nos deter em como restaurar o Storgé no âmbito do relacionamento conjugal, gostaria de lhe fazer algumas perguntas para ajudá-lo a diagnosticar a intimidade espiritual em seu casamento.

- Você e seu cônjuge têm consciência de quais são seus próprios pontos fracos, espiritualmente falando? Vocês se apoiam mutuamente na luta contra essas fraquezas?

- Vocês ministram um ao outro por meio da oração e do compartilhar da Palavra de Deus, animando-se mutuamente na caminhada cristã?
- Caso a resposta a essas perguntas seja SIM, você crê que existe espaço para expandir essa comunhão entre vocês? De que forma isso poderia ser feito?
- Caso a resposta seja NÃO, em sua opinião, o que os impede de desenvolver essa intimidade espiritual no casamento? Que barreiras precisariam ser superadas?

Como veremos, a caminhada espiritual no casamento vai além de ler a Bíblia e orar juntos. Ela se projeta na direção de ajudar o outro a vencer seus pecados e se tornar semelhante a Cristo.

Devo também alertá-lo de que não é tarefa simples restaurar o amor fraternal no relacionamento, pois sua ausência está diretamente ligada à nudez espiritual que causou a vergonha de Adão e Eva e na qual ainda, muitas vezes, nos surpreendemos. Continuamos espiritualmente falidos e nus, e não é fácil expor nossas fraquezas e nossos pecados a outras pessoas. Alguns cônjuges não se sentirão confortáveis em fazê-lo. Isso não quer dizer que não desejam esse tipo de intimidade, mas que o assunto os constrange. Pode ser que esse seja o seu caso ou o de seu cônjuge. De qualquer maneira, o importante é não desistir. Proceda com respeito e amor para com seu parceiro, mantenha seu coração aberto e, acima de tudo, converse com Deus sobre suas expetativas e seus medos.

E no caso de o cônjuge não ser cristão? Acredito que é nessa situação extrema que você deve fazer tudo o que estiver ao seu alcance para dedicar a seu parceiro total Storgé. A Bíblia diz que pelo procedimento honroso, o cônjuge crente pode ganhar o outro, sem palavras (1Pedro 3:1,2). Viver o cristianismo na prática e tratar o companheiro com amor fraternal, ainda que ele não obedeça a Cristo, são maneiras de conquistá-lo e vê-lo transformar-se num companheiro de jornada não apenas no casamento, mas também na vida cristã.

Se esse for o seu caso, encoraje-o a não desanimar. Como foi dito, Deus tem especial interesse nas famílias, e isso inclui a sua também. Coloque-se à disposição do Senhor para ser parceiro dele na obra de restauração do seu lar. Dedique-se a demonstrar o Storgé em suas atitudes, muito mais que em suas palavras, e assim poderá alcançar o coração de seu cônjuge.

Agora, de maneira geral, como desenvolver o amor fraternal dentro do matrimônio? Quais atitudes o texto bíblico nos exorta a ter enquanto irmãos em Cristo?

O capítulo 3 da carta de Paulo aos Colossenses é um dos muitos trechos do Novo Testamento escritos com a intenção de orientar os membros de uma jovem igreja no trato entre si e na prática do Storgé. Vamos dar uma olhada nesse texto e ver como podemos aplicá-lo em nosso casamento. À medida que for lendo, pense em como seu matrimônio pode crescer e ser beneficiado com a prática das posturas apontadas por Paulo.

> Portanto, como povo escolhido de Deus, santo e amado, revistam-se de profunda compaixão, bondade, humildade, mansidão e paciência. Suportem-se uns aos outros e perdoem as queixas que tiverem uns contra os outros. Perdoem como o Senhor lhes perdoou. Acima de tudo, porém, revistam-se do amor, que é o elo perfeito.
>
> Que a paz de Cristo seja o juiz em seus corações, visto que vocês foram chamados para viver em paz, como membros de um só corpo. E sejam agradecidos. Habite ricamente em vocês a palavra de Cristo; ensinem e aconselhem-se uns aos outros com toda a sabedoria, e cantem salmos, hinos e cânticos espirituais com gratidão a Deus em seu coração. Tudo o que fizerem, seja

em palavra ou em ação, façam-no em nome do Senhor Jesus, dando por meio dele graças a Deus Pai. (Colossenses 3:12-17)

Gentileza

Penso que podemos resumir o primeiro grupo de atitudes — compaixão, bondade, humildade, mansidão e paciência — em "gentileza". O Storgé se demonstra num trato amável com o outro, marcado pela ausência de indiferença, agressividade ou arrogância.

A gentileza se traduz em *compaixão* no momento em que vemos o outro entristecido ou atribulado e nos movemos em profunda consideração, com o desejo de diminuir sua dor. No casamento, isso pode ser praticado naqueles instantes que percebemos nosso cônjuge sobrecarregado tanto de afazeres quanto de emoções. Com compaixão, procuramos dividir ou aliviar a carga, proporcionando-lhe minutos de descanso e refrigério.

A *bondade* presente na gentileza poderia facilmente ser traduzida por "doçura". É aquele proceder que difunde simpatia e prepara o terreno para que se construa a confiança. Note que raramente, ou quase nunca, desconfiamos de pessoas bondosas. Sua atitude cortês nos atrai e nos faz sentir seguros e acolhidos. Ao praticar a bondade para com seu cônjuge, você estará abrindo espaço para que confiança mútua e enorme carinho sejam semeados.

Ser gentil também significa ser *humilde* para com o outro, ao reconhecer que ambos são iguais diante de Deus. Ao agir assim, com humildade, não me considero nem superior nem inferior em relação ao outro, mas me enxergo de modo adequado. Esse tipo de atitude praticamente aniquila toda a possibilidade de haver competições dentro do casamento. Se ambos são iguais e possuem valor idêntico diante de Deus, por que competir?

A gentileza também exala *mansidão*, que pode ser mais bem compreendida se a considerarmos como o contrário de "rudeza" ou "aspereza". Ela se evidencia principalmente no ato de levar em consideração os direitos e sentimentos do outro e, quando necessário, até de abrir mão dos próprios direitos em favor do outro.

Por fim, a *paciência* prova nossa gentileza ao sermos tardios em nos irritar e inclui um coração disposto a ajudar o outro em sua limitação, ou a aguardar com alegria seu crescimento desabrochar. Veremos mais sobre a paciência no próximo capítulo.

A gentileza é de extrema importância num contexto como o da igreja, em que pessoas de históricos de vida tão diferentes se unem em torno do mesmo propósito. Ela é uma prova da existência do Storgé. Não podemos imaginar que seja menos importante no relacionamento conjugal. Ainda que sejam amantes e amigos, os cônjuges necessitam de grandes doses de gentileza no convívio, quando a vida os surpreende com situações inesperadas, ou simplesmente quando um ou outro não estiver no seu melhor dia.

Pensando nisso, reflita comigo como anda a gentileza em seu casamento e como ela pode estar mais presente.

- Você trata seu cônjuge com aspereza ou indiferença quando ele comete uma falha, um deslize, quando se esquece de algo ou simplesmente se atrasa? Você poderia imaginar qual seria a reação dele se, em vez disso, você o tratasse com mansidão, bondade e paciência?
- Você já ergueu a voz quando achou que tinha o direito de ser ouvido? Qual seria outra solução para demonstrar seu ponto de vista e, ainda assim, ser gentil? E em quais momentos seria mais adequado abrir mão de sua opinião ou vontade em prol da convivência harmoniosa no casamento?

- Em quais momentos seu cônjuge mais precisa que você o socorra com uma atitude compassiva?

Nem sempre é fácil ser gentil, mas essa é uma via de mão dupla. Dificilmente alguém, que age com gentileza, é retribuído com uma resposta áspera. O livro de Provérbios já dizia que "A resposta calma desvia a fúria, mas a palavra ríspida desperta a ira" (15:1).

Procure desenvolver essas atitudes gentis para com seu cônjuge. Infelizmente, percebo com certa recorrência algumas pessoas serem mais delicadas na hora de falar com um estranho do que com o próprio companheiro. De modo algum as coisas poderiam suceder assim. Não permita que o convívio lhe abra espaço para "relaxar" nessa área, levando-o a tratar seu parceiro com rudeza ou pouco caso.

Uma boa forma de praticar a gentileza e evitar o comodismo é sempre considerar seu cônjuge como alguém digno de seu respeito e afeição. Busque desenvolver essa atitude gentil em seu casamento e colha os frutos de maior intimidade e afeição entre vocês.

Suporte e perdão

Em seu livro *Casamento temporário*, John Piper diz:

> Por que toda essa atenção em perdoar e suportar em vez de, digamos, no romantismo e em desfrutar um ao outro? [...] três respostas: 1) porque haverá conflitos baseados no pecado, precisamos *perdoar* o pecado e *suportar* a diferença, e às vezes vocês não conseguirão nem mesmo concordar quanto ao que é uma coisa e outra; 2) porque a dura e áspera obra de perdoar e suportar é o que torna possível às afeições florescerem, quando já pareciam mortas; 3) porque Deus é glorificado quando duas

> pessoas tão diferentes e tão imperfeitas forjam na fornalha da aflição uma vida de fidelidade mediante a confiança em Cristo (grifos do autor).[8]

Como bem apontado por Piper, o perdão é mais que necessário no casamento, porque esse é um relacionamento entre duas pessoas pecadoras e carentes da graça de Deus. Ainda que agir com gentileza seja o alvo do Storgé, temos de reconhecer que nem sempre teremos sucesso em proceder assim. Nesses dias, portanto, suporte e perdão são imprescindíveis.

Quando Paulo diz que devemos suportar uns aos outros, está falando no sentido de "tolerar" uns aos outros. Ele usa essa mesma palavra ao escrever que o cristão deve "suportar" a perseguição (1Coríntios 4:12). Ou seja, devemos "tolerar uns aos outros", e os mais irônicos podem até afirmar que a ideia é que temos de "aguentar uns aos outros". É isso mesmo. Pode parecer um tanto duro e nada romântico, mas diante da realidade de que o pecado ainda existe em nossa vida, no trato comum muitas vezes não conseguiremos ir além da tolerância. Isso se dá naquelas horas em que as diferenças realmente falam bem alto, e cada um tem um ponto de vista firme do qual, segundo crê, não pode recuar. Em momentos assim, é preciso de Storgé para dizer: "Reconheço que pensamos de modo diferente e, provavelmente, não chegaremos a um meio-termo. Sendo assim, por amor a você, tolero o seu ponto de vista e peço que tolere o meu". Agir dessa forma é um franco exercício da gentileza que vimos anteriormente, e também uma maneira realista de reconhecer e respeitar as diferenças.

Contudo, algumas vezes, até que o casal reconheça seus diferentes pontos de vista e chegue à prática da tolerância, é certo que possíveis contendas magoem a um ou a outro. Paulo já imaginava que isso seria possível, então emenda a ordem de suportar com o mandamento de perdoar.

A base que apresenta para o perdão mútuo é o perdão que Cristo nos estendeu: "Perdoem como o Senhor lhes perdoou". Uma definição bastante simples, porém útil, de "perdoar" é "assumir o dano". Foi o que Jesus fez na cruz. Nós o ofendemos com nossos pecados, mas Cristo "assumiu o dano" e pagou, ele mesmo, o preço da nossa desobediência, que era direcionada contra ele.

Esse é o modelo e a base para perdoarmos nossos irmãos e também nosso cônjuge. Paulo nos anima a "perdoar as queixas" uns dos outros, e creio que sempre encontramos um motivo de queixa em relação ao nosso parceiro, seja em assuntos pequenos, seja nos grandes. O convite, ou melhor, o mandamento que nos é estendido é o de absorver o dano causado por essas coisas e, com mansidão, auxiliar nosso cônjuge a se aperfeiçoar. Da mesma forma, precisamos ter humildade para reconhecer que o outro também possui motivos justificados de queixa contra nós, portanto, devemos estar dispostos a ser igualmente auxiliados por ele.

Gostaria de ressaltar que cada caso é único, e que ainda que o perdão se aplique a *todos* os casos, as consequências do pecado cometido devem ser ponderadas individualmente. Nós, por exemplo, sofremos com os efeitos de nossos erros, embora tenhamos recebido o perdão de Deus. Por isso, é bastante importante, e também uma prova de amor, você buscar ajuda especializada caso seu cônjuge tenha atitudes que coloquem em risco sua vida ou a estabilidade familiar.

Tanto na comunidade cristã como no matrimônio, a vida comum não é praticada apenas com nossa participação em eventos pontuais, como o culto dominical, no caso da igreja, ou as refeições diárias, no caso do relacionamento conjugal. A intimidade constrói-se na caminhada lado a lado. A pessoa madura poderá reconhecer que essa caminhada tende a se tornar mais difícil, muitas vezes, por ela mesma ou pelo cônjuge, em decorrência da natureza decaída do ser humano, de seus pecados e falhas. No entanto, em vez de se tornar cética, crendo que nenhum relacionamento poderá valer a pena, ela, e cada um de nós, pode forjar um caráter melhor ao praticar (e receber) o suporte e o perdão do parceiro. Lembre-se de que o amor fraternal é vivido na *reciprocidade*. Sendo assim, sua prática irá transformar as duas partes envolvidas na relação. Portanto, não desista!

Na sequência, Paulo diz que o amor é a prática mais importante no vínculo fraternal. O próximo capítulo tratará mais detalhes desse amor sublime que deve estar presente em todos os nossos relacionamentos.

Paz

Outra prática que evidencia o Storgé em nosso casamento é a paz, pois fomos "chamados para viver em paz, como membros de um só corpo".

Quando a Bíblia fala de "paz", ela quer dizer muito mais do que uma simples "tranquilidade" e "concórdia", que é como o dicionário define "paz". O sentido bíblico é de "plenitude", "integridade" e "saúde". É um senso de profunda harmonia, física, espiritual e relacional.[9] Viver o Storgé no casamento é buscar essa paz no dia a dia da relação.

Posso dizer que muitos casais que conheci e aconselhei ao longo do meu ministério tinham como marca a guerra e a competição, não a paz. Viviam em batalha um contra o outro, não poupando palavras e nem esforços para agredir o cônjuge. Mal posso imaginar o clima belicoso que devia estar instalado em suas casas, e como isso afetava profundamente seu modo de vida e seus relacionamentos com outras pessoas.

Acredito que, de todos os lugares que frequentamos, nosso lar deve ser o ambiente mais inundado pela paz. Não há nada melhor do que chegar em casa e desfrutar de um convívio tranquilo e suave com nossos queridos, que age como um bálsamo sobre nossa mente, tão afetada por este mundo hostil.

A paz provém da prática das atitudes já descritas. Quando existe gentileza, perdão e tolerância, um clima pacífico se ergue sobre os relacionamentos. As palavras são ditas com mais suavidade, as intenções são mais amistosas e isso alimenta o afeto que une ambas as partes.

Em relação aos cristãos, há ainda mais um motivo para buscarem a paz entre si: o fato serem "membros de um só corpo", a saber, o Corpo de Cristo.

Quando entendo que Valéria e eu pertencemos a um mesmo organismo, como células de um mesmo tecido orgânico, concluo que qualquer atitude militante que eu tiver contra ela acaba por afetar a mim mesmo, pois estamos intimamente interligados. É assim, de maneira bastante simplificada, que as células cancerígenas agem e danificam o corpo, pois lutam contra o próprio sistema ao qual pertencem.

Ao tratar minha esposa como irmã, posso dar um passo além na busca pela paz em nosso convívio, sabendo que ela e eu estamos conectados por algo maior do que os votos que fizemos no altar — os quais, por si só, já são de enorme importância. Estamos unidos também pelo sangue e pelo Espírito de Cristo que fazem de nós dois um só corpo. E, consequentemente, se estamos em desacordo, podemos ferir todo o corpo e não apenas um ao outro.

Sendo assim, considere:

- De que maneira você está sendo chamado por Deus para exercer a paz em seu matrimônio?
- Que atitudes você deve abandonar a fim de encontrar mais paz em seu lar?

A regra de ouro para desfrutar de paz no relacionamento é esta: "Façam todo o possível para viver em paz com todos" (Romanos 12:18). Esse verso nos lembra de uma verdade que, por vezes, esquecemos no casamento: não temos controle sobre as atitudes do outro. Podemos mudar e interferir apenas em nosso próprio comportamento. Isso, porém, já representa um grande avanço na manutenção da paz e harmonia do lar. Ainda que não seja possível impedir que o outro se zangue, podemos evitar que a situação piore, usando palavras brandas e contendo-nos.

Ensino e conselho

Já dissemos que intimidade espiritual com o cônjuge vai além de orar e ler a Bíblia juntos. Porém, isso não quer dizer que a comunhão em torno da Palavra possa ser dispensada. Nosso relacionamento conjugal só irá vicejar quando ouvirmos a voz de Deus e o fizermos em conjunto. Por isso, "Habite ricamente em vocês a palavra de Cristo; ensinem e aconselhem-se uns aos outros com toda a sabedoria".

Muitos livros e manuais poderão auxiliar seu casamento, oferecendo-lhe maneiras de melhorar e aperfeiçoar a relação. Mas, sem dúvida, nenhum deles poderá suprir você e seu cônjuge com o poder, o ânimo e a sabedoria necessários para fazer isso como a Bíblia faz. Suas palavras contêm a força e o conhecimento com os quais o mundo foi criado. Jesus foi ressurreto pelo poder da Palavra e elas atuam poderosamente em nós quando examinamos nosso coração diante das Escrituras.

Embora esse poder atue em nós quando lemos a Bíblia individualmente, ao refletir nela com o cônjuge, descobrimos novas dimensões e aplicações do texto bíblico. Aprendemos com o ponto de vista do outro, o qual quase sempre é capaz de enxergar coisas que não vimos. Também, por meio da leitura, surgem oportunidades de encorajar e exortar o outro, o que leva o casal simultaneamente a crescer em maturidade. E por meio da comunhão entre os cônjuges, enquanto meditam na Palavra, o Espírito Santo pode aprofundar o relacionamento e também trabalhar em situações problemáticas com autoridade e relevância únicas.

Lembre-se de que, na igreja e no casamento, "Toda a Escritura é inspirada por Deus e útil para o ensino, para a repreensão, para a correção e para a instrução na justiça, para que o homem [e a mulher]de Deus seja apto e plenamente preparado para toda boa obra" (2Timóteo 3:16,17).

Sendo assim, planejem momentos de reflexão em conjunto. Pode ser alguns minutos diários, ou um período maior uma vez por semana. Faça de maneira que ambos se sintam confortáveis. E, no dia a dia, procurem trazer às conversas cotidianas o que leram e aprenderam com a meditação das Escrituras. Enriqueçam seus assuntos com pensamentos acerca do agir de Deus em sua vida, com palavras de sabedoria e conselhos baseados na Palavra.

Neste tópico, gostaria de me dirigir especialmente aos maridos. Temos um papel muito importante no que diz respeito a conduzir espiritualmente nossa família, incluindo nossa esposa. Em Efésios 5:25-30, trecho já mencionado algumas vezes, vemos a seguinte recomendação:

> Maridos, amem cada um a sua mulher, assim como Cristo amou a igreja e entregou-se a si mesmo por ela para santificá-la, tendo-a purificado pelo lavar da água mediante a palavra, e para apresentá-la a si mesmo como igreja gloriosa, sem mancha nem ruga ou coisa semelhante, mas santa e inculpável. Da mesma forma, os maridos devem amar cada um a sua mulher como a seu próprio corpo. Quem ama sua mulher, ama a si mesmo. Além do mais, ninguém jamais odiou o seu próprio corpo, antes o alimenta e dele cuida, como também Cristo faz com a igreja, pois somos membros do seu corpo. (Efésios 5:25-30)

Dentro do papel de liderança reservado ao marido (expresso no verso 23, que diz: "O marido é o cabeça da mulher, como também Cristo é o cabeça da igreja"), existem pelo menos duas responsabilidades, de acordo com esse texto de Efésios: a de proteger e a de prover. A proteção está refletida no fato de o marido ser convidado a imitar o amor de Cristo, que o levou a se entregar pela igreja. Jesus deu a própria vida para proteger sua Noiva da morte. O marido é convocado a agir de igual modo, protegendo a esposa a todo custo.

A provisão, por sua vez, evidencia-se no chamado de amar a mulher "como a seu próprio corpo". E como amamos nosso corpo? Alimentando e cuidando dele. A palavra "alimentar", usada por Paulo, tem a ver com conhecer quais são as necessidades da esposa e supri-las. E quando fala de "cuidar" do corpo, Paulo usa um termo relacionado ao cuidado que uma mãe tem para com o filho pequeno, devotando a si para nutri-lo e fazê-lo crescer.

O que isso tem a ver com a meditação na Bíblia? Eu diria que tudo, pois essa proteção e a provisão têm também uma dimensão espiritual, não somente física. Os maridos devem prover alimento espiritual, bem como proteger a família de ameaças espirituais. Essa provisão pode ser compreendida em termos de meditação na Palavra de Deus e também como direcionamento, instrução e encorajamento espiritual. Já a proteção está ligada a interceder pela esposa, bem como manter influências negativas, amizades indevidas, livros e programas de TV mal-intencionados longes de casa.[10]

Dessa forma, marido, ainda que sua esposa seja exortada a compartilhar da Palavra de Deus com você, trazendo-lhe ensino e conselhos como irmã em Cristo, você tem duplamente a responsabilidade de fazê-lo, como irmão, mas também como marido e cabeça do relacionamento. Você tem uma importância muito grande no desenvolvimento do Storgé em sua casa.

Gratidão e louvor

A última orientação deixada por Paulo encontra-se dividia em dois versículos: "E sejam agradecidos" (v. 15) e "Tudo o que fizerem, seja em palavra ou em ação, façam-no em nome do Senhor Jesus, dando por meio dele graças a Deus Pai" (v. 17).

Aprendemos na infância as palavras "mágicas" que nos ajudam a ser pessoas mais civilizadas e educadas. Uma delas é "Obrigado". Entretanto, quando Paulo diz "sejam agradecidos", ele não está falando no mesmo sentido em que um pai ordena ao filho que agradeça por algo que recebeu.

O verbo que Paulo usa aqui é uma derivação da palavra "eucharistia", que existe de forma quase idêntica no português. "Eucaristia" é o ritual ordenado por Jesus, em sua memória, de partilharmos em comunhão o vinho e o pão, lembrando-nos de sua morte e ressurreição. Quando fazemos isso, de coração, somos *gratos* pela graça de Deus em nossa vida. Por isso, a Santa Ceia é chamada de Eucaristia, pois se trata de um momento de gratidão.

Acredito, assim, que ser grato é reconhecer que você não merecia uma boa ação que outra pessoa lhe fez, à custa dela mesma, e também demonstrar apreço pelo ato que recebeu. Acredito que isso fortalece o Storgé, pois aumenta a afeição e o valor de um pelo outro.

Gratidão também é uma demonstração de humildade. Veja bem, pessoas orgulhosas não dizem "Obrigado". Elas entendem que merecem, de fato, toda a cortesia que recebem. Logo, se merecem, não precisam expressar gratidão; se o fazem, é por mera educação, sem se sesentirem realmente gratas no íntimo. O humilde, por outro lado, sabe agradecer porque, ao fazer isso, reconhece o valor do outro e do favor que lhe foi feito. É uma demonstração poderosa de Storgé, que aprecia o próximo por sua bondade e reconhece seu valor único.

Infelizmente, o que mais tenho encontrado são reclamações e queixas. A internet parece disseminar a insatisfação das pessoas. É raro achar publicações que valorizem um produto ou serviço ou, ainda mais raro, que agradeçam os fornecedores por produzir algo com cuidado e qualidade. Temos de vigiar se nossos padrões de satisfação não estão elevados e irreais demais, fazendo de nós pessoas orgulhosas que se acham dignas dos melhores serviços.

O custo da ingratidão é muito mais alto do que podemos imaginar. Não é questão de apenas não dizer "Obrigado", mas trata-se de um sintoma de apatia e pobreza espiritual. Não falo apenas da ingratidão em relação a Deus, mas de forma geral.

Se queremos desenvolver o Storgé em nosso casamento, devemos cultivar a gratidão e estar atentos aos gestos que nosso cônjuge nos estende. Muitas vezes nos acostumamos às gentilezas e até achamos que o outro tem a obrigação de nos fazer certas tarefas do lar. No entanto, ainda que o casal possua uma dinâmica em que as tarefas estão divididas entre eles, a prática de agradecer ao outro só vem a somar, pois valoriza tanto a pessoa como o que ela faz.

Venha refletir comigo sobre como está seu nível de gratidão no casamento:

- Você agradece seu cônjuge verbalmente pelas pequenas (ou grandes) gentilezas que ele lhe concede, seja um elogio, um favor ou um cuidado que lhe faz?
- Como casal, você e seu cônjuge têm o costume de agradecer a Deus pelas bênçãos que recebem?

Finalizando, Paulo diz que nossa gratidão se expressa em "salmos, hinos e cânticos espirituais", entoados pela boca, mas também "em seu coração" (v. 16). É claro que aqui ele fala da gratidão para com

Deus, mas não vejo problema em os cônjuges procurarem formas diferentes de serem gratos uns com os outros, indo além do "Muito obrigado". Porém, o que quero trazer para a conversa é a possibilidade de o casamento ser também uma oportunidade para o casal louvar a Deus junto, por meio de salmos, hinos e cânticos espirituais.

Essa é uma prática que pode ser executada de modo individual, como a leitura das Escrituras. Mas, ao ser feita coletivamente, abre novas perspectivas que não teríamos se louvássemos a Deus sozinhos. Lembro-me, por exemplo, de Silas e Paulo cantando juntos na prisão (Atos 16:25). O texto bíblico não dá mais detalhes, mas acredito que se só um estivesse cantando, logo ficaria desanimado. Em dupla, porém, a vontade de cantar aumenta e isso certamente ajudou ambos a superarem aquele momento de grande dificuldade e dor física.

Sei que nem todo casal é afinado ou possui habilidades musicais para executarem um louvor cantado. Porém, Paulo inicia a lista falando de "salmos". A leitura conjunta dos salmos registrados nas Escrituras é uma atividade que não requer qualquer perícia musical. Ela pede apenas um coração desejoso de agradecer a Deus pelas inúmeras bênçãos que recebeu. Você e seu cônjuge podem ler em voz alta alguns salmos que expressam seu louvor e gratidão por tudo o que o Senhor lhes tem feito.

Para os mais habilidosos, deixo o convite de organizarem ocasionalmente momentos de louvor comunitário. Relembrem canções antigas que falem ao coração e expressem seu amor e admiração pelo Senhor. Quem sabe vocês podem até compor algumas canções — há muitos cânticos que foram escritos a quatro mãos, por marido e mulher. Usem seus dons e talentos na área artística para louvarem juntos a Deus. Você verá como isso aumentará a união em seu casamento e abrirá largos espaços para desenvolver a confiança e, claro, o amor fraternal.

Um amor para todas as horas

Pensar no cônjuge como um irmão em Cristo nos permite ir além do amor meramente romântico do Eros ou amistoso do Philia. Com Storgé, vemos o outro como uma pessoa exatamente igual a nós em valor e importância, pois recebeu de Deus as mesmas graças e bênçãos.

Acredito que, em alguns dias, não encontraremos motivos ou mesmo incentivo para nos querer em Eros ou Philia. Porém, por sermos parte de uma mesma família espiritual, sempre haverá condições de nos amarmos em Storgé — ainda que esse amor, como vimos antes, seja expresso simplesmente em tolerância ou perdão. É por isso que seu casamento não sobreviverá se este amor fraternal não for desenvolvido. Ele estará presente em todo o tempo, mas será de crucial importância nos dias em que a depressão, a tristeza e até a decepção baterem à porta.

Creio também que, com o Storgé, podemos aprender mais sobre nosso cônjuge e vê-lo de outro modo. Isso é de muita utilidade à dinâmica do casamento, uma vez que o convívio diário pode desbotar a relação, com risco até de perder a graça. Se aprendo a ver meu parceiro como irmão em Cristo, posso procurar e apreciar os dons espirituais que ele possui e que, certamente, não são os mesmos os meus. Posso compreender como Deus tem trabalhado em sua vida, e aprender com isso. Podemos, juntos, obter direcionamento divino para o nosso casamento e experimentar objetivos muito mais emocionantes e significativos do que o mero “ser feliz para sempre”.

Invista no Storgé. Pratique-o, e seu casamento será, de fato, receptor de toda sorte de bênçãos espirituais que o Senhor reserva para seus filhos que vivem em comunhão.

Capítulo 5

Na realidade, de vez em quando todos nós precisamos — alguns de nós na maior parte do tempo — daquela Caridade dos outros que, sendo o Amor de Deus neles, é capaz de amar os não amáveis.

Os quatro amores[1]

5

A face Ágape
Meu cônjuge, meu próximo

Talvez você se pergunte: "Depois de tudo o que vimos sobre o amor no casamento, ainda falta algo? Se meu cônjuge é meu amigo, minha família, minha verdadeira paixão, qual face do amor ainda falta em nosso casamento?".

Vocês precisam de um amor que vá além de todos os outros, mas que, ao mesmo tempo, os complete. Um amor que dê ao seu casamento a plenitude de um relacionamento baseado nos princípios de Deus.

Veja bem: por mais exclusivo e necessário que o Eros seja, ele não tem como fazer com que sua relação seja resistente. Philia, embora tão carinhoso e leal, não possui a abnegação de que o casamento carece. Ainda que Storgé seja protetor, será imensamente difícil manter o casamento baseando-se apenas nele.

Precisamos de um amor incondicional, capaz de se doar quando o outro, ou nós mesmos, não somos dignos de amor. Precisamos do amor Ágape! Eu diria que esse não é simplesmente outro tipo de amor, mas o próprio Amor, em sua expressão mais sublime e suprema.

A palavra Ágape também é de origem grega, como ocorre com as outras que vimos até aqui. Ela traz a ideia de elevada consideração, de compromisso total, de amor sacrificial em favor da pessoa amada. Em algumas traduções da Bíblia, Ágape se traduz por "caridade", que é o termo utilizado por C. S. Lewis em *Os quatro amores*.

Essa face do amor não está restrita ao casamento; pode expressar a relação entre pai e filho e, acima de todas, o amor de Deus pelo seu povo. É ela que aparece em 1João 4:8, quando o apóstolo diz: "Deus é amor" — ou seja, "Deus é Ágape". Também é a palavra que descreve o relacionamento entre Jesus e seus discípulos: "*Amem*-se uns aos outros como eu os *amei*" (João 15:12). Consequentemente, é a palavra que Jesus usa quando ensina que tipo de amor seus seguidores devem praticar: "*Ame* o seu próximo como a si mesmo" (Mateus 22:39).

Nem sempre se pensa no cônjuge como sendo o próximo, nesses termos que Jesus usou. É claro que ele é uma das pessoas mais próximas a nós, mas não esse é o sentido da palavra. No evangelho de Lucas, Jesus usa uma parábola para explicar a um estudioso da lei "Quem é o próximo". Esta parábola ficou conhecida como a história do "Bom samaritano", que é muito famosa. Fala de um homem judeu que, após ser assaltado e severamente agredido, foi ignorado por dois líderes religiosos que passaram por ele. Por fim, um comerciante samaritano — ou seja, alguém de um povo rival dos judeus — parou, socorreu o homem, levou-o a uma hospedagem e pagou pelo tratamento dele.

Quando terminou de contar essa história, Jesus devolveu a pergunta ao estudioso da lei: "Quem você acha que foi o próximo do homem assaltado?". O estudioso respondeu: "Aquele que teve misericórdia dele" (Lucas 10:37). Em resumo, nosso próximo é aquele que necessita do meu amor, da minha bondade, mas que não tem nada para me oferecer em troca.

Muitas vezes, no casamento, nos encontraremos em uma dessas duas condições: tendo de doar amor, sem recebê-lo de volta, ou receber amor, sem conseguir retribui-lo. Eu diria que nenhuma dessas situações é confortável, mas elas acontecem, e somente o Ágape é capaz de tornar o casamento forte o bastante para suportá-las.

Perceba, então, que essa última face do amor, a face Ágape, reflete uma natureza sacrificial e totalmente comprometida com o bem do próximo. Foi o tipo de amor demonstrado pelo Salvador para com os homens e é igualmente necessário no relacionamento dos homens entre si.

Este é o amor incondicional, altruísta. Ele não espera nada em troca. Não está preocupado em ser reconhecido ao fazer o bem. Não espera ser amado para amar de volta. É por isso que ele é capaz de ser estendido até os inimigos, como Jesus ordenou: "Mas eu lhes digo: '*Amem* os seus inimigos'" (Mateus 5:44).

Amor sobrenatural

Uma vez definido este tipo de amor, é importante que façamos algumas considerações.

O ser humano, por natureza, tem potencial para desenvolver as faces do amor sobre as quais discorremos nos capítulos anteriores: Eros, Philia e Storgé. Por isso, esses são chamados de amores naturais.

Essas faces naturais do amor nos revelam que todo ser humano tem necessidade de dar e receber amor, de uma forma ou de outra.

Somos capazes de tudo para conseguir um pouco de amor. Quando sentimos um vácuo de amor em nosso coração, o que acontece? Agimos por impulso e elaboramos estratégias para alcançar aquilo que suprirá nossa carência de amor. Para uns, pode ser o afeto de um pai ou de uma mãe; para outros, pode ser aquele amigo que está ao seu lado em todas as horas; para alguns, ainda, pode ser aquela pessoa que lhe proporcionará momentos incríveis de paixão.

No entanto, nossos esforços nesse sentido dificultam ainda mais as coisas, pois fazem concessões, omitem princípios, negociam valores. Eu diria que, na maioria das vezes, acabamos por afastar de nós a pessoa cujo amor tanto almejamos. A duras provas, descobrimos que nosso maior anseio é ter um amor que está acima dos padrões humanos.

Mencionei anteriormente 1João 4:8, onde diz que Deus é amor. Mais adiante em sua carta, o apóstolo João afirma que "Nós amamos porque ele [Deus] nos amou primeiro" (1João 4:19). O amor de Deus por nós é o que nos ensina a amar perfeitamente antes mesmo de sermos alvo do amor de outra pessoa. Isso acontece porque só ele tem a capacidade de saciar infinitamente nossa ânsia por ser amado e querido, sem nunca precisar receber nada em troca. Ele é a verdadeira encarnação do Ágape, pois se entregou em nosso favor apesar de sermos pecadores, egoístas e não o amar de volta.

Baseando-nos nesse tipo de amor, aprendemos sobre o imperativo de amar incondicionalmente. Somente quando recebemos esse amor, temos alguma capacidade de amar, no sentido mais nobre da palavra.

Uma vez que Ágape é a perfeita expressão do amor divino para com o homem falho e limitado, ele precisa da presença de Deus para se concretizar. Por causa do pecado em seu interior, o ser humano não pode alcançá-lo sozinho. Por isso, Ágape não pode ser considerado um amor natural, mas *sobrenatural*.

Quando nos arrependemos de nossos pecados e cremos em Cristo, recebendo-o como nosso Salvador e Senhor, Deus derrama seu Ágape em nosso coração: "E a esperança não decepciona, porque Deus derramou seu *amor* em nossos corações, por meio do Espírito Santo que ele nos concedeu (Romanos 5:5).

Assim, apenas as pessoas que nasceram de novo, ou seja, foram regeneradas pela ação do Espírito Santo (Tito 3:4-6) podem amar o próximo verdadeiramente, exibindo o amor Ágape em seus relacionamentos, em especial no matrimônio. Cônjuges que assim se amam têm como alvo o bem do outro e saem daquela triste rotina de cobranças e tentativas de mudar o parceiro para conseguir o amor de que necessita. Saem na frente porque já estão preenchidos com o Ágape de Deus e entenderam a dinâmica do "Ele me amou primeiro".

O capítulo do amor

À luz dessa verdade, poderemos considerar os ensinamentos bíblicos a respeito do amor entre marido e mulher da perspectiva do amor ao próximo. Por exemplo, quando Paulo diz: "Maridos, amem cada um a sua mulher, assim como Cristo amou a igreja e entregou-se por ela" (Efésios 5:25), ele não está pensando no amor entre amantes, entre amigos ou entre familiares. O padrão do marido é o amor sacrificial de Cristo pela igreja. Trata-se de um amor doado à custa do doador, sem a garantia de que será retribuído.

Do mesmo modo, essa é face abnegada do amor que considera o outro e seus interesses mais importantes que os próprios (Filipenses 2:3,4), que se requer das esposas, a fim de que se sujeitem ao marido em amor (Efésios 5:22).

Essas são aplicações gerais do Ágape no casamento. Porém, à medida que conhecermos a sua profundidade, entenderemos as diversas ocasiões em que ele fará toda a diferença no trato de um para com o outro.

O texto de Paulo de 1Coríntios 13:1-7, popularmente conhecido como "Hino ao amor", é o manual perfeito para conhecermos mais do Ágape. Veremos que as palavras desse trecho não se esgotam e são muito mais que uma bela poesia. Trata-se de algo prático e aplicável ao nosso relacionamento e que, certamente, trará uma mudança enorme ao nosso matrimônio. Quando somos bem-sucedidos em praticar esses ensinos, aproximamo-nos do propósito de Deus para nós.

Começaremos nossa descoberta com um exercício. Peço que não pule essa etapa, pois ela servirá de base para a aplicação do texto bíblico. Leia os versos, reproduzidos abaixo, e anote nas linhas em branco o que chama a sua atenção em cada um deles. Deixo um exemplo no primeiro versículo.

1Coríntios 13:1-7

1. Ainda que eu fale as línguas dos homens e dos anjos, se não tiver amor, serei como o sino que ressoa ou como o prato que retine.

Minhas observações: Saber falar muito bem não significa nada se as minhas palavras não levam amor às pessoas que me escutam.

Suas observações:

____

____

____

____

____

2. Ainda que eu tenha o dom de profecia e saiba todos os mistérios e todo o conhecimento, e tenha uma fé capaz de mover montanhas, se não tiver amor, nada serei.
Suas observações:

3. Ainda que eu dê aos pobres tudo o que possuo e entregue o meu corpo para ser queimado, se não tiver amor, nada disso me valerá.
Suas observações:

4. O amor é paciente, o amor é bondoso. Não inveja, não se vangloria, não se orgulha.
Suas observações:

5. Não maltrata, não procura seus interesses, não se ira facilmente, não guarda rancor.
Suas observações:

6. O amor não se alegra com a injustiça, mas se alegra com a verdade.
Suas observações:

7. Tudo sofre, tudo crê, tudo espera, tudo suporta.
Suas observações:

Ainda que...

Depois de fazer esse exercício, boa parte daquilo que pretendo apresentar neste capítulo já deve ter vindo à tona e está borbulhado em sua mente. Esse trecho bíblico é um excelente modelo para que nossos comportamentos e ações reflitam o Ágape. Quero meditar com você trecho a trecho a fim de descobrirmos juntos como basear nosso casamento nesse amor sublime.

Comecemos com os três versículos iniciais. Os três possuem uma estrutura parecida, sendo introduzidos pela expressão "Ainda que". Essa expressão serve para ressaltar a seriedade de uma afirmação mesmo diante de uma situação hipotética extrema. Por exemplo, se eu disser: "Amanhã tenho de ir para o trabalho, ainda que chova canivetes", quero dizer que minha ida ao trabalho é tão necessária e urgente que nada poderá me impedir, nem mesmo uma chuva de canivetes hipotética.

Paulo faz a mesma coisa. Ele deseja ressaltar o valor do Ágape, dizendo que ele é mais importante do que três situações hipotéticas. Vejamos cada uma delas:

1ª SITUAÇÃO: SER A PESSOA MAIS COMUNICATIVA DO MUNDO

A primeira hipótese que Paulo levanta é a de uma pessoa sem nenhuma deficiência em sua comunicação. Ela consegue se expressar em todos os idiomas — na verdade, é tão comunicativa que vai ao extremo de falar a língua dos anjos. Já imagino milhares de empresas que estariam dispostas a pagar o que fosse preciso para ter essa pessoa em sua equipe. Em uma era tão comunicativa e globalizada como a nossa, já pensou na vantagem de ser alguém que consegue se fazer entender em qualquer canto do mundo?

Podemos pensar também na vantagem da comunicação dentro do casamento. Não são poucos os casais que atendo que possuem deficiências no aspecto da comunicação, ou os que enfrentam crises nascidas precisamente de uma comunicação defeituosa. Sem dúvida, ser um bom comunicador seria uma vantagem enorme no matrimônio.

Paulo, porém, diz que não há vantagem nenhuma se não houver amor. Comunicação sem amor é meras palavras jogadas ao vento.

A eloquência, a arte de saber se comunicar, era uma habilidade muito valorizada pela cultura grega, a cultura da igreja de Corinto para quem Paulo escreveu. O apóstolo, todavia, diminui a importância da eloquência quando essa é praticada sem amor. Sem buscar o bem ou a edificação do próximo, as palavras cuidadosamente escolhidas não dizem mais que o ruído de um sino tocando: são apenas barulho. Da mesma forma, a vida matrimonial pode ser permeada de canções, poesias e declarações apaixonadas. Entretanto, se isso for dito sem amor, será apenas eco, um som sem melodia.

É possível perceber como isso é real na vida de Jesus. Ele veio ao mundo como o grande comunicador: a encarnação da Palavra que criou o mundo (João 1:1-3) e o mensageiro de Deus aos homes (Hebreus 1:2). Porém, pode-se afirmar que amor foi a mensagem que ele realmente encarnou e transmitiu. Ainda que não falasse nada, Jesus transmitia amor (Marcos 10:21), e o poder de suas palavras ficou gravado no coração das pessoas por meio de suas demonstrações de amor, sendo a cruz a maior delas.

Assim, ainda que Jesus falasse da parte de Deus aos homens de todas as nações, como de fato falou, se o fizesse sem amor, suas palavras não surtiriam efeito algum.

2ª SITUAÇÃO: SER A PESSOA MAIS ESPIRITUAL E FERVOROSA DO MUNDO

A segunda hipótese que Paulo traz à tona é a de alguém profundamente dotado no conhecimento de mistérios espirituais. Trata-se de uma pessoa capaz de interpretar profecias, resolver enigmas e expor a Palavra de Deus com o poder do Espírito Santo. Mas isso não é tudo, pois ela não é apenas alguém que sabe das coisas. Também possui uma fé tão grande que conseguiria fazer as montanhas mudarem de lugar, como Jesus ilustrou em Mateus 17:20.

Consegue imaginar o valor de tamanha fé e conhecimento dentro do casamento? Talvez não pareça ser de grande importância, mas estamos falando de uma pessoa que, diante de qualquer dificuldade, tem fé para atravessar essa situação e, mais que isso, consegue saber como isso se encaixa perfeitamente no plano de Deus para sua vida. Quantas vezes nos perguntamos, frente a tribulações: "Por que isso está acontecendo comigo?". Essa pessoa teria não só a resposta, mas também o meio (a fé) para suportar tudo isso. Porém, tanta fé sem nenhum amor não leva a nada, diz o apóstolo.

Sabemos que, enquanto os gregos valorizavam habilidades humanas, os judeus apreciavam manifestações espirituais (1Coríntios 1:22). Havia também judeus convertidos na igreja de Corinto e, depois de ter se dirigido especificamente aos gregos, falando da eloquência, Paulo se voltou aos judeus convertidos e disse que grande espiritualidade, praticada sem amor, tampouco tinha importância.

Ele não disse que ter fé e conhecer os mistérios da Palavra de Deus não possui valor. Paulo mostra que estes dons são inferiores ao amor. Inclusive, o verso que abre esse "Hino ao amor" diz: "Passo agora a mostrar-lhes um caminho ainda mais excelente" (1Coríntios 12:31b). E esse caminho é o amor, ou seja, a característica e a habilidade necessárias para que todas as outras tenham sentido.

A vida de Cristo também demonstra isso. Sendo o próprio Deus, ele tinha a resposta para todas as questões das pessoas. Vemos isso quando seu amigo Lázaro morreu. Ele explicou que o motivo era "para que o Filho de Deus seja glorificado" (João 11:4). Ele possuía a fé e o poder necessário para ressuscitar Lázaro dos mortos, o que, por fim, fez (vs. 43,44). Porém, também foi movido por tamanho amor, a ponto de chorar pelo amigo prestes a ressuscitar (v. 35,36).

Assim, ainda que Jesus conhecesse todos os mistérios espirituais e fosse o Autor da fé, como de fato é, e detivesse todo o conhecimento, se não possuísse amor, seus milagres não valeriam de nada.

3ª SITUAÇÃO: SER A PESSOA MAIS ABNEGADA DO MUNDO

Nessa hipótese final, Paulo imagina a pessoa mais altruísta do mundo. Ela renuncia a todas as posses materiais, pois entrega seus bens aos pobres, o que a impossibilita de receber algo em troca. Se isso não fosse o bastante, essa pessoa também está disposta a se martirizar, provavelmente em favor de alguém ou de alguma causa.

Quem de nós não se alegraria em dividir a vida conjugal com alguém tão bondoso? Eu diria que a maior causa dos conflitos no relacionamento é o egoísmo, a pessoa que pensa apenas em si mesma e nunca no outro. Certamente, quase não haveria esse tipo de problema em uma relação na qual um cônjuge abre mão de tudo pelo outro. Mas Paulo vem nos dizer que esse altruísmo, se praticado sem amor, não vale de nada.

A comunidade cristã de todos os tempos e lugares valoriza o autossacrifício, pois está fundamentado na entrega voluntária do Senhor Jesus. Ele deu sua vida para pagar pelos nossos pecados e sua ressurreição nos garante vida eterna. Jesus não apenas morreu por nós, mas, ao encarnar, despiu-se de toda a sua glória e se fez o menor dentre os homens. Sem isso, não haveria salvação para nós. Mas, se fosse possível Jesus esvaziar-se de sua majestade e entregar a vida, se esse ato fosse realizado sem nenhum amor pelas pessoas, seu sacrifício não teria valor.

Essa última hipótese é bastante forte e até incômoda, mas serve para demonstrar o valor do amor. É ele quem dá vida às palavras, poder aos milagres, sentido ao sacrifício. A morte de Jesus só aconteceu porque "Deus amou o mundo" (João 3:16). O amor é a origem de tudo, e deve ser o fim também.

Essas três hipóteses iniciais constituem uma excelente introdução para quem quer entender o amor perfeito, o amor incondicional, o amor para todo tempo e situações. Elas estabelecem que padrões humanos não servem de medida para o Ágape, e que nenhum feito, por mais nobre que seja, pode se equiparar ou, pior ainda, tomar o seu lugar. O amor Ágape é, no fim das contas, o caminho mais excelente.

O amor é...

Na sequência, Paulo dá mais detalhes sobre o Ágape. Ele apresenta uma descrição dividida em três partes: o que é o amor, o que ele não faz e o que ele faz.

O amor é...	O amor não...	Em vez disso, ele...
paciente	inveja	se alegra com a verdade
bondoso	se vangloria	tudo sofre
	se orgulha	tudo crê
	maltrata	tudo espera
	procura seus interesses	tudo suporta
	se ira facilmente	
	guarda rancor	
	se alegra com a injustiça	

Veremos cada uma dessas três partes separadamente, a começar pela primeira: o que é o amor.

Perceba que ele usa apenas duas palavras para qualificar o amor: paciente e bondoso. Não podemos, contudo, presumir que isso seja pouco. Essas duas palavras aparecem em outro famoso texto, trazendo o amor como fruto do Espírito Santo. Veja a seguir como ambas estão ligadas ao amor:

> Mas o fruto do Espírito é *amor*, alegria, paz, *paciência*, amabilidade, *bondade*, fidelidade, mansidão e domínio próprio. Contra essas coisas não há lei. (Gálatas 5:22,23)

Podemos dizer, de maneira singela, que esse fruto de amor, paciência e bondade, entre outras coisas, é resultado da obra transformadora que o Espírito de Deus opera diariamente no coração daqueles que creem em Jesus como seu Salvador. Quando somos habitados pelo Espírito, tem início um processo de aperfeiçoamento que só acabará quando a vida terrena chegar ao fim. Esse processo gera frutos em nós, frutos que abençoam os que estão ao nosso redor e dão provas de que nosso coração está sendo moldado à imagem de Cristo.

Dessa forma, podemos concluir, sem nenhuma ressalva, que *apenas* quem tem o Espírito Santo pode produzir verdadeiramente esse fruto excelente. De maneira natural, o homem pode ser amoroso, paciente e até bondoso, mas agir assim geralmente só é possível dentro de determinadas condições. Ninguém consegue demonstrar amor, paciência e bondade a quem o maltrata e oprime; ninguém, exceto aquele que tem a vida conduzida pelo Espírito Santo.

Com esse Espírito, temos literalmente Deus vivendo em nós. Assim, também temos, em potencial, tudo aquilo que emana dele. A verdadeira paciência e a verdadeira bondade procedem do Pai, e brotam em nossa vida por meio do Espírito. Assim, para que seu casamento seja inundado pelo amor Ágape, é imprescindível que você e seu cônjuge tenham suas ações, individual e conjuntamente, direcionadas por Deus.

Vejamos agora o que significa cada uma dessas qualidades do Ágape. Acho muito útil e gosto de observar o sentido das palavras usadas no texto bíblico.[2] Ficamos tão familiarizados com alguns versículos que suas palavras acabam perdendo o sentido e, consequentemente, seu impacto.

O termo que Paulo usou, tanto na carta aos coríntios como aos gálatas, traduzido para o nosso idioma como “paciência” é “makrothymia”. Trata-se de uma palavra formada pela junção de duas palavrinhas menores: “makro”, que significa “longo, grande”, e “thymia”, que significa "alma, espírito, coração, emoção, afetividade". Uma tradução quase literal de "makrothymia" seria "longanimidade", que aparece em algumas versões da Bíblia em português.

A ideia de "makrothymia" é a de uma pessoa com um grande coração, cheia de boa vontade. Quem é paciente não desiste diante de uma situação difícil, ou mesmo de um eventual erro do outro. Podemos até dizer que se trata de alguém que sabe perdoar. A principal característica da "makrothymia" é a esperança de que algo melhor está por vir, porque confia que, em todas as situações, Deus está no controle. É por isso que ele espera, ansiosamente.

E quanto à bondade?

Seria quase desnecessário ressaltar o quanto a paciência está ligada à bondade. Tudo o que dissemos no parágrafo anterior depende de boa dose de bondade para acontecer. Na verdade, não consigo imaginar uma pessoa paciente que também não seja bondosa.

As palavras que Paulo usa nas duas cartas (bondade; bondoso) derivam do termo "chréstos", que podemos traduzir como "bom". "Chréstos", contudo, tem um sentido prático, ele significa "ser útil adequado". Em termos espirituais, podemos dizer que "chréstos" descreve aquilo que é *eternamente* útil!

Bondade e paciência são dois lados da mesma moeda. Enquanto um aguarda o melhor de Deus, o outro atua de modo a ser eternamente útil e a trazer esse melhor de Deus para a vida do outro. É o equilíbrio perfeito entre o esperar e o agir.

Acredito que é o casamento que mais necessita desse equilíbrio proporcionado pelo Ágape; por causa da condição decaída de toda a humanidade. Nenhum casamento será perfeito porque nenhum de nós é perfeito. Vamos errar e podemos esperar o mesmo de nosso cônjuge. Em alguns momentos, iremos ferir um ao outro com palavras e decisões nada sábias, apesar das promessas trocadas no altar.

Quando nos apresentamos diante de um ministro religioso ou de um juiz de paz para selar a união matrimonial, trocamos votos e fazemos promessas. A maioria diz que jamais desistirá um do outro e que conservará a aliança na alegria e na tristeza, na riqueza e na pobreza, na saúde e na doença, até o fim da vida. As palavras podem variar, mas o sentido dos votos é praticamente o mesmo. Aludo a essa troca de votos porque quero que você perceba o quanto ela diz sobre nosso casamento. Ao mesmo tempo, quero resgatar em sua memória o motivo de você ter se casado. Não foi simplesmente um momento de festa e boas sensações: ali, você tomou uma decisão e assumiu um compromisso que requer empenho, dedicação e responsabilidade. Diante de diversas testemunhas, declarou que estava disposto a atravessar, com o outro, os males, o imprevisível e o previsível com a paciência e a bondade necessárias, sem culpar o cônjuge, as estrelas ou quem quer que fosse. Prometeu suportar os muitos dias em que seu casamento e seu cônjuge não seriam exatamente o que você desejou.

Esse é um compromisso no qual a paciência e a bondade estão presentes nas linhas e nas entrelinhas. Se agimos com base no Ágape, bondoso e paciente, seremos amáveis mesmo se o outro falhar em agir do mesmo modo. Transmitiremos segurança e estabilidade, dando ao cônjuge a certeza de que nunca desistiremos dele.

Se você precisa de incentivos para ser bondoso e paciente, pense no amor perfeito de Deus por você. Quantas vezes você errou e quanto tempo demorou para pedir perdão? Quantas foram as situações em que, depois de se confessar, cometeu o mesmo pecado? Mesmo sem conhecer você, posso afirmar com segurança que o Senhor nunca o tratou com rancor nem pouco caso em função de suas falhas. Pelo contrário, a bondade e a paciência dele permitiram que você crescesse, amadurecesse e vencesse suas limitações.

Tendo em vista o amor de Deus por você, quero convidá-lo a refletir sobre sua conduta em seu casamento. É comum pensar em como o casamento seria melhor se o *outro* mudasse. Mas aprendi que a única pessoa que posso mudar, nesse relacionamento, sou eu mesmo. Dessa forma, questione-se:

- Como seria o seu casamento se você fosse mais paciente diante das dificuldades e limitações do seu cônjuge?
- Quantas vezes você faltou com bondade, colocando seu casamento em risco ao buscar vingança por uma ofensa sofrida?

Procure formas de demonstrar paciência e bondade ao seu cônjuge. Fale menos e ouça mais. Ofereça mais apoio que acusações. Aja com generosidade mesmo quando o outro "não merecer". Procure dizer palavras amáveis — se não conseguir, opte por não dizer nada até que seu coração se acalme.

Retribuir o mal com o bem é um ato divino, longe do alcance do ser humano desde o Éden. Mas hoje está à disposição de todo aquele que se rende a Jesus Cristo e refaz sua aliança com Deus. Por essa razão, costumo dizer que o casamento na perspectiva cristã tem a ajuda de ninguém mais, ninguém menos que o Espírito Santo. Com seu fruto sendo produzido em nós, recobramos a esperança de que a face Ágape virá à tona e invadirá nossa vida.

O amor não...

Depois de dizer brevemente o que o amor é, Paulo se detém explicando o que ele *não é* e *não faz*. Não sabemos por que Paulo preferiu usar negações. Ele poderia simplesmente ter dito que o amor é adorável. Porém, ao escrever assim, deixou bem claro quais são as atitudes que devemos combater.

O apóstolo organiza, em três grupos, as atitudes que o amor não toma:

- invejar, vangloriar-se, orgulhar-se (v. 4);
- maltratar, procurar seus interesses, se irar facilmente, guardar rancor (v. 5);
- alegrar com a injustiça (v. 6a).

Vejamos como podemos fugir dessas práticas em nosso casamento.

... É COMPETITIVO

Cada palavra do verso 4 tem um sentido bastante único, mas todas transmitem a ideia de competição: "Não inveja, não se vangloria, não se orgulha".

Inveja é aquela decepção maligna em relação às coisas que o outro possui ou alcançou. O invejoso sente-se mal com a felicidade alheia e se alegra quando o outro se dá mal. No fundo, deseja para si todas as conquistas que aquela pessoa obteve.

Vanglória é algo igualmente maligno, mas funciona na direção oposta. Em vez de desejar o que o outro tem, aquele que se vangloria é presunçoso e se gaba o tempo todo das próprias conquistas.

Orgulho é o ápice de tudo isso. É a pessoa que se considera acima de todas as outras. Por achar que ninguém é páreo para ela, desfaz dos sucessos e pequenas vitórias dos demais. Ao mesmo tempo, o orgulhoso acha que nunca erra. Como não sabe pedir perdão, não perde a oportunidade de apontar os erros e criticar as falhas do outro.

Um comportamento comum ao invejoso, ao presunçoso e ao orgulhoso é a incapacidade de celebrar as conquistas e a felicidade do outro. No fundo, quem age assim está sempre concorrendo para mostrar que é melhor e mais especial.

Atitudes competitivas deixam marcas profundas na relação, feridas da alma que custam a sarar e que são especialmente letais ao casamento. Um cônjuge que concorre contra o outro transforma a relação em uma esteira ergométrica: você caminha quilômetros, mas nunca sai do lugar.

Você, assim como eu, deve conhecer casais que vivem em cabo de guerra: querem vencer o cônjuge em todas as áreas possíveis, obter mais sucesso no trabalho, ser mais querido no círculo de amigos, ter mais habilidades e honras. Apesar de tudo, os votos que fizeram no altar não suportam a prosperidade do parceiro. Aliás, não foram poucas as vezes em que, como conselheiro matrimonial, precisei lembrar os cônjuges que se digladiavam no sofá de meu gabinete do que haviam prometido um ao outro quando se casaram.

Quero, mais uma vez, convidá-lo a refletir sobre sua atitude em seu casamento no que tange a essas áreas. Estas perguntas irão ajudá-lo a sondar seu coração e ver se não está dando brecha para o pecado entrar e reinar em seu relacionamento.

- Como você vê as conquistas de seu cônjuge?
- Como compartilha com ele suas próprias conquistas?
- Como você encara as opiniões do seu cônjuge? Você busca a opinião e o conselho dele antes de tomar uma decisão?

O antídoto contra a inveja, a vanglória e o orgulho é a humildade e o altruísmo. É preciso entender que o casamento é uma partilha; que ambos os cônjuges estão em pé de igualdade no que diz respeito ao seu valor e à importância dentro do casamento. Devemos compartilhar os momentos difíceis, mas também os bons momentos. Precisamos dar e também pedir opiniões. Necessitamos de elogios e aplausos, mas também devemos aprender a concedê-los. Essa é a essência do Ágape: dar sem esperar receber.

Um relacionamento pessoal e íntimo com Deus nos levará cada vez mais a essa face do amor. À medida que internalizamos os ensinamentos de Jesus, vamos fechando a fresta por onde a inveja, a vanglória e o orgulho podem entrar em nossa casa.

Quando servimos e amamos verdadeiramente nosso cônjuge, começamos a enxergar a face de Deus nele. Assim, não invejamos, mas vibramos com o seu sucesso. Não nos vangloriamos, mas partilharmos conquistas. Não nos orgulhamos, mas somos humildes em reconhecer nossos erros, e dispostos a perdoar os do outro.

O casal que desenvolve uma rotina espiritual comum, busca servir ao Senhor e conhecer mais a Palavra de Deus, ora e partilha a vida juntos, estará procedendo de modo que o Ágape se instale no casamento. Se é isso que você deseja, não desista. Traga Deus para dentro de seu casamento, procure o apoio de um grupo de casais cristãos e perceba que, embora não haja casamento perfeito, você pode desfrutar de um relacionamento pleno. Deus quer caminhar com você, em sua vida e em seu matrimônio. Para tê-lo ao lado, busque comunhão com ele. O Senhor lhe dará seu amor.

... É EGOÍSTA

Podemos resumir o segundo grupo de coisas que o amor não faz — maltratar, procurar seus interesses, irar-se facilmente, guardar rancor (v. 5) — na frase: “O amor não é egoísta”.

Essa pode parecer uma afirmação óbvia, mas se torna mais e mais necessária à medida que o tempo passa, principalmente dentro do casamento.

Uma coisa bem fácil de perceber é que a maior parte das pessoas, quando se casa, quer ser feliz. Pergunte a qualquer noivo ou noiva o que espera do casamento e ele dirá: "Eu quero ser feliz". O problema desse desejo é que ele prioriza o "Eu" e a minha felicidade, em vez do outro e a *minha* responsabilidade para com ele. A cultura individualista dos tempos atuais tem nos feito escravos do "Eu", vivendo em busca de nosso interesse. Isso mata qualquer casamento.

É claro que, quando Paulo fala do Ágape, ele não está pensando especificamente em casamentos, mas no padrão de amor sacrificial originado em Deus. O Ágape é aplicável e totalmente necessário em qualquer relacionamento. Porém, entendemos que o matrimônio é a relação mais íntima que um ser humano pode experimentar, mais íntima até que o relacionamento entre mãe e filho na gravidez. Essa intimidade é construída pela franqueza, que exige um espírito altruísta. Como temos visto, esse nível de altruísmo requerido pelo casamento só pode ser alcançado quando o amor Ágape está presente. Assim, esse amor se opõe a qualquer forma de egoísmo, em especial às que Paulo menciona.

Em primeiro lugar, o Ágape não maltrata. Maus-tratos podem, sim, incluir agressão física ou verbal, mas não se resumem a isso. Qualquer comportamento inapropriado, mal-educado e grosseiro entra no significado de "maus-tratos".

A ideia de maltratar mencionada por Paulo ainda inclui o sentido de ter uma atitude que não se harmoniza com o que é decente, indo na contramão do que é esperado. Dessa forma, o Ágape é um comportamento que evita todo tipo de inconveniência.

Infelizmente, casais que se comportam de maneira inconveniente entre si, e cônjuges que são rudes e desprezam o outro, seja em público, seja em casa, não são uma realidade muito distante de lares cristãos. Isso me faz pensar o quanto falhamos em refletir o amor que recebemos de Deus.

Tenho dito que quem ama não destrata o outro, nem de brincadeira. Expor alguém em suas fraquezas é fazer *bullying* emocional. "Perder o amigo, mas não perder a piada" é um comportamento inadmissível dentro do casamento — dentro de qualquer relação, eu diria. Trata-se de uma atitude egoísta, que se recusa a levar em consideração o sentimento do outro. O Ágape não desrespeita.

Em segundo lugar, ele não busca seus próprios interesses. Não quer impor sua vontade e nem deseja que o outro o "faça feliz". O foco do Ágape não está em si, mas no outro, em ser "eternamente útil" para o outro, como vimos antes a respeito da bondade do Ágape.

Acredito que esse é um dos sentidos da ordem de amar o próximo como a si mesmo (Mateus 22:39). Significa colocar as necessidades do outro em pé de igualdade com as suas. É tratar o outro como você gostaria de ser tratado — esse, aliás, é outro princípio apresentado por Jesus: "Assim, em tudo, façam aos outros o que vocês querem que eles lhes façam; pois esta é a Lei e os Profetas" (Mateus 7:12). Agir dessa forma, sem dúvida, só é possível com o amor divino, e essa atitude é desesperadamente necessária nos dias tão individualistas em que vivemos.

Em terceiro lugar, o Ágape não se ira com facilidade. Destaco a expressão "com facilidade". Ficar irado é possível, da mesma forma que o próprio Deus se ira. Lembre-se, por exemplo, de Jesus expulsando os comerciantes do templo (João 2:14-17). No entanto, isso não acontece *facilmente*. Quantas vezes Jesus foi ao templo antes de expulsar os mercadores?

Examinando as Escrituras, podemos concluir que Deus se irava contra seu povo não apenas se era desrespeitado, mas principalmente quando o povo colocava em risco sua vida e comunhão com o Senhor. A atitude deles implicava uma ameaça ao relacionamento com Deus. Assim, a ira divina não era uma demonstração de egoísmo; tratava-se, em vez disso, da mais perfeita expressão de amor, preocupado com o bem, a integridade e a santidade de seus filhos.

Por último, o Ágape não guarda rancor. Uma tradução literal do verso diria que o amor "não conta o mal". Guardar rancor é registrar na memória todas as ocasiões em que o outro lhe causou dor e, depois, resgatar essas memórias. Fazer isso, certamente é uma atitude egoísta, pois valoriza o seu sentimento acima do seu compromisso, a sua dor acima do seu perdão.

O Ágape, porém, não possui uma caderneta preta na qual anota todas as vezes em que o outro o ofendeu. Esse amor releva as coisas com facilidade. Compreende que, por mais que tenha ocorrido uma ofensa que causou feridas e mágoas, deve ter havido um motivo para isso e esse fato precisa ser levado em consideração.

Por conceito e definição, a face Ágape é justamente o contrário do egoísmo, em todas as suas formas. Ela está focada em buscar o bem do outro e colocar à disposição dele sua própria vida.

Você pode imaginar um relacionamento em que os pares seguem nessa direção, priorizando o outro acima de si mesmo? Sem essa atitude, o casamento torna-se um balcão de cobranças, e isso o deixa insuportável.

Convido você a fazer outro autoexame. Olhe para dentro de seu casamento e pense na maneira *como você* tem agido. O que você enxerga? Procure em seu matrimônio lugares nos quais percebe a necessidade de o Ágape brotar e destruir qualquer raiz de egoísmo. As perguntas a seguir ajudarão você a analisar sua conduta e necessidade do Ágape em sua vida.

- Você tem depreciado seu cônjuge com brincadeiras ou comentários aparentemente inocentes? Ou, ainda mais grave, tem dito e feito coisas com o intuito claro de machucá-lo?
- Sua felicidade pessoal continua sendo o seu objetivo particular no casamento?

- A frase "Eu estava de cabeça quente. Não era isso que eu queria ter feito (ou dito)" faz parte das suas desculpas após um acesso de cólera?
- Seu cônjuge evita contar-lhe ou pedir-lhe coisas porque tem medo de como você irá reagir?
- Você ainda se lembra de ofensas que seu cônjuge lhe causou, tempos atrás? Costuma trazê-las à tona durante uma discussão?

Essa, talvez, seja uma maneira dura e chocante de se analisar. O confronto consigo mesmo pode ser algo tão indesejado quanto doloroso, mas é mais do que necessário para que haja cura e traga restauração aos padrões do Ágape. Sem confronto com a realidade, nenhuma mudança acontecerá.

Esse é o padrão que almejamos alcançar:

> embora sendo Deus, não considerou que o ser igual a Deus era algo a que devia apegar-se; mas esvaziou-se a si mesmo, vindo a ser servo, tornando-se semelhante aos homens. E, sendo encontrado em forma humana, humilhou-se a si mesmo e foi obediente até à morte, e morte de cruz! (Filipenses 2:6-8)

Entenda que o verdadeiro amor envolve renúncia. Ele não reivindica os próprios interesses, ainda que tenha direito a isso, mas abre mão em prol do bem e do amadurecimento do outro.

Você alcançará o Ágape em seu relacionamento apenas com a ajuda do Espírito Santo. Quanto mais render a ele o controle da sua vida, das suas emoções e do seu temperamento, mais transformado será e mais frutos produzirá.

Não espere seu cônjuge tomar a iniciativa para você mudar também. Seja aquele que dá o primeiro passo e proteja seu casamento dos efeitos do egoísmo. Apenas por tomar essa decisão, você já estará desenvolvendo o Ágape e driblando o egoísmo.

Como sei que o caminho para essa mudança não é simples, quero animá-lo. Pense no que você encontrará do outro lado. Como será seu casamento quando vocês dois buscarem o melhor para o outro? Superando os maus-tratos, a ira e o rancor para deixar o egoísmo de lado, você pode imaginar como será essa relação? Eu posso. Ela se tornará algo tão sublime que aqueles que estiverem ao seu lado buscarão em vocês um exemplo de relacionamento. Assim, você espalhará mais amor nesse mundo individualista.

... É INJUSTO

Encerrando seu ensinamento sobre o que amor Ágape *não* é, o apóstolo Paulo afirma, por fim, que esse amor não se alegra com a injustiça (v. 6a).

A palavra "injustiça" dentro desse versículo possui muitos sentidos. Ela pode significar impiedade, iniquidade, atitude pecaminosa, imoralidade. Trata-se de uma palavra bem ampla que resume tudo o que Paulo falou até esse momento. Se o apóstolo fosse detalhar tudo o que o amor não é, sua carta talvez não chegasse ao fim. Mas ao dizer que o amor não se alegra com a injustiça, ele afirma que todo tipo de comportamento pecaminoso fere e diminui o Ágape.

Embora seja abrangente, esse verso é muito importante porque deixa claro que o amor não faz certos tipos de concessões para o amado. Ele não permite que o outro se comporte como quiser apenas para se sentir feliz. Assim como o Ágape não procura a própria felicidade, ele também não deseja que o outro se comporte de maneira egoísta e se autodestrua.

Vamos refletir agora sobre o amor de Deus por nós e usar esse amor como padrão para o nosso casamento. Sabemos que Deus nos ama e que não poupou a vida de seu único Filho para nos salvar (João 3:16). Jesus também nos ama porque se entregou por nós sem jamais termos feito algo bom (Romanos 5:6,8).

Além de nos amar incondicionalmente, Deus trabalha sem descanso para o nosso bem: "Sabemos que Deus age em todas as coisas para o bem daqueles que o amam, dos que foram chamados de acordo com o seu propósito" (Romanos 8:28). Mas aí fica uma questão. O que é esse bem? É a nossa felicidade? É o nosso bem-estar? Não, o bem que Deus busca para aqueles que o amam está explicitado no verso seguinte: "serem conformes à imagem de seu Filho" (v. 29).

É muito comum citar o versículo 28 sem mencionar o 29. O "bem daqueles que amam a Deus" não é uma coisa que está aberta a especulações, que cada um pode definir como quiser. Ele já está definido: é se parecer com Cristo. E podemos imaginar bem maior que esse, tornarmo-nos exatamente como o Filho de Deus? Sermos a encarnação do Ágape? Eu não vejo nada melhor que isso!

Agora vamos aplicar a ideia em nosso casamento. O propósito do casamento não é fazer o outro feliz, nem buscar a própria felicidade, mas procurar o *bem do outro*. E que bem é esse? O mesmo que Deus busca para nós: sermos parecidos com Cristo.

É por isso que o verdadeiro amor não se alegra com o pecado em nosso cônjuge. Porque o pecado mancha a imagem do Filho que está sendo formada em nós. Ele nos afasta de Deus e nos torna menos parecidos com Jesus. O pecado nos afasta do verdadeiro bem.

Compreende a dimensão do Ágape? Quem ama verdadeiramente e de maneira altruísta não vai ficar feliz em ver o outro se afundando no pecado, desenvolvendo atitudes ímpias e injustas. E o que faz quem ama de verdade? Ele age como Deus: trabalha pelo bem do outro. De fato, esse amor é sacrificial e altruísta.

Diferentemente do Senhor, não podemos mudar o coração de nosso cônjuge, mas isso não quer dizer que não temos o que fazer.

Podemos trabalhar para o bem um do outro por meio da oração incessante, pedindo livramento das tentações. Também oramos por nós, para que não venhamos a ser pedras de tropeço na vida dele. Entendemos e buscamos perdão e ajuda efetiva quando o erro acontece. Esforçamo-nos por superar as limitações um do outro em conjunto.

Não poderia ser diferente, uma vez que o amor perfeito, proveniente de Deus, alinha-se com o que Jesus Cristo disse, quando considerou o amor ao próximo como algo inferior apenas ao amor a Deus:

> "Ame o Senhor, o seu Deus de todo o seu coração, de toda a sua alma e de todo o seu entendimento". Este é o primeiro e maior mandamento. E o segundo é semelhante a ele: "Ame o seu próximo como a si mesmo". (Mateus 22:37-39)

É assim que Paulo encerra a lista do que o amor não é, sem deixar nada de fora. Tudo o que vai contra o amor a Deus e ao próximo é contra o Ágape.

Em vez disso, ele...

Se o apóstolo tivesse terminado seu "Hino ao amor" nesse ponto, poderíamos pensar que o Ágape não é proativo, que só evita o mal.

Sabemos muito bem que a melhor maneira de evitar o mal não é ficar sem fazer nada, mas praticar o bem. Já diz o ditado: "Mente vazia, oficina do diabo". Quem não se dedica a fazer o bem terá tempo de sobra para planejar o mal.

Da mesma fora, "O amor é o que amor faz", como afirmou o escritor James C. Hunter. Se o amor não faz nada, ele não é nada. Assim, quais são as atitudes que devemos adotar para reproduzir o Ágape em todos os nossos relacionamentos? Paulo lista cinco coisas:

1. Alegrar-se com a verdade;
2. Tudo sofrer;
3. Tudo crer;
4. Tudo esperar;
5. Tudo suportar.

Veremos de que forma podemos incluir essas práticas em nosso casamento.

... SE ALEGRA COM A VERDADE

Essa atitude do amor está diretamente ligada com "não se alegrar com a injustiça" (v. 6).

É possível perceber, sem dificuldade, que a palavra "verdade" se opõe aqui à palavra "injustiça". Ora, já vimos o sentido abrangente de injustiça, que inclui todo tido de atitude pecaminosa. O que seria, então, a verdade que faz o amor sorrir?

Em primeiro lugar, a verdade é o próprio Jesus. Isso se alinha com a declaração que ele fez a respeito de si mesmo, em João 14:6, de que é o Caminho, a *Verdade* e a Vida. Faz todo sentido. Se a injustiça são as atitudes que nos tornam menos parecidos com Cristo, ao praticar a verdade, ficamos mais semelhantes a ele, porque ele é a Verdade.

Praticamos a verdade tanto com nossas palavras como com nossas ações. Sabemos da enorme importância de sempre dizer a verdade ao nosso cônjuge e nunca lhe esconder nada.

Talvez algumas pessoas possam se sentir desconfortáveis com isso porque entendem que dizer a verdade significa se expor. No entanto, se optam por ocultá-la, seja contando uma mentira, seja não dizendo nada, se esquecem de que o fruto que colherão não é paz, mas prisão. Isso porque, conforme Jesus afirmou em João 8:32, "a verdade os libertará". Ágape é verdadeiro, é sincero, e sinceridade e verdade são fatores libertadores no relacionamento.

Quando for necessário decidir entre falar a verdade ou ocultá-la, compare cuidadosamente os benefícios da honestidade com as consequências do engano. Em curto prazo, o engano pode trazer a sensação de que tudo deu certo. Porém, em médio ou a longo prazo, as situações ficarão embaraçadas e, quando o engano for desmascarado, a ruína pode ser ainda pior.

Agora, como eu trago a verdade para minhas atitudes? De maneira bem singela, ao agir de acordo com o que diz.

Falando sobre votos de casamento mais uma vez, sempre que um cônjuge age de modo a quebrar o que prometeu no altar ou diante de um juiz, ele está faltando com a verdade. Jesus também ensina que "Seja o seu 'sim', 'sim', e o seu 'não', 'não'; o que passar disso vem do Maligno" (Mateus 5:37). Sabemos que o Maligno é o pai da mentira (João 8:44); dessa forma, quando dizemos uma coisa e fazemos outra e ainda procuramos formas de nos justificar, estamos sendo mentirosos, como o Diabo.

Esforce-se para que seu casamento seja transparente, sincero, verdadeiro. Que você e seu cônjuge, experimentando esse aspecto do Ágape, sejam livres e reflitam Cristo cada dia mais!

... É ETERNO

A finalização deste capítulo não poderia ser feita sem essa expressão tão decidida do que é o amor sacrificial. O versículo final leva nossa reflexão ao ápice. É uma sensação de quem está concluindo um raciocínio e deseja acrescentar algo mais e fechar com chave de ouro, o que realmente acontece aqui. Não sei como você se sente, mas eu, ao ler isso, sinto-me no momento da decolagem, quando o piloto olha para a cabeceira da pista e diz: "Solte o manche!". Ou seja: acelere e vamos para cima!

Gostaria de ler com você 1Coríntios 13:7, nosso verso final, em diferentes traduções da Bíblia para apreciarmos a riqueza do sentido de cada palavra:

> Tudo sofre, tudo crê, tudo espera, tudo suporta. (NVI, RA)
>
> O amor nunca desiste, nunca perde a fé, sempre tem esperança e sempre se mantém firme. (NVT)
>
> O Amor aceita todas as coisas com paciência, tem sempre confiança e esperança e se mantém sempre firme. (VFL)
>
> Quem ama nunca desiste, porém suporta tudo com fé, esperança e paciência. (NTLH)

Perceba que, em todas essas versões, está presente a ideia de perseverança, fé, esperança e resiliência. Tudo isso é essencial ao matrimônio, e somente a face sacrificial e incondicional do amor é capaz de ter essas marcas.

É impossível falar de um amor que sofre sem se lembrar da maior demonstração de amor que este mundo já viu: Jesus sofrendo e morrendo em nosso lugar, por amor. Somos convidados a imitar essa atitude. Mesmo diante da angústia, Jesus não desistiu de nós. Ele pediu ao Pai que afastasse dele o cálice que haveria de tomar, o derramar da ira de Deus sobre o pecado da humanidade. Apesar do pedido, ele não recuou, mas encheu-se de força e suportou a cruz e a vergonha para desfrutar da alegria de nos reunir com o Pai (Hebreus 12:2).

Já o amor que tudo crê é aquele que oferece um voto de fé para com quem ama. Ele está sempre pronto para pensar o melhor, sem desconfiar; e se mostra disposto a compreender a fraqueza humana, sem trair a verdade de Deus. É assim que Cristo age em relação aos que foram regenerados por seu sangue. O escritor da carta aos Hebreus afirma que Jesus pode, hoje, "compadecer-se das nossas fraquezas" porque, "como nós, passou por todo tipo de tentação, porém, sem pecado" (4:15). Imagine esse nível de amor no casamento, com os cônjuges sempre vendo, um ao outro, sob a melhor perspectiva, sem cinismo ou pessimismo.

A esperança, ao lado do amor e da fé, é uma das três bases que constroem o pilar do cristianismo (1Coríntios 13:13). Muitas vezes nos esquecemos, como cristãos, de que a esperança não é uma característica do temperamento de algumas pessoas, mas é uma graça e um dom concedidos por Deus. Ela nos afasta de uma visão sombria da vida e permite enxergar as situações como se fossem um belo dia de sol. Quem ama perfeitamente espera o melhor da pessoa amada, e sabe que, no futuro, essa pessoa ainda será melhor do que é hoje. Isso porque o amor coloca a sua esperança em Deus. Quem ama, crê que Deus trabalhará o bem mesmo a partir do mal, e sabe que todos os males da sua vida, no fim, resultarão no triunfo do bem. O casamento só sobrevive com esperança. É ela que nos impulsiona a amar e a crer quando tudo — inclusive nós, nosso cônjuge e nossa família — parece estar dando errado.

Por fim, o amor tudo suporta: todo sofrimento, perseguição, provocação etc. Ele persevera até o fim, crendo na graça de Deus, sem se abalar. Suporta as ofensas, perdoando-as. Suporta as dificuldades com paciência. Age como Cristo em todas as coisas, pois ele suportou a cruz por nós. Aprender a suportar as ofensas, as dificuldades e até as decepções é essencial para a saúde do casamento. Porém, isso só será possível se o Ágape fizer parte da vida do casal.

Repare em como Paulo vai alçando voo nesse verso, palavra por palavra. Se o Ágape encontra no outro algo que parece difícil demais para ser suportado, ele tudo suporta. Se percebe algo que desabone, ele tudo crê. Se acontece algo que pode desiludi-lo, ele tudo espera. Se uma situação o convida a desistir, ele tudo suporta.[3]

Perceba, porém, que essas características do amor precisam ser desenvolvidas, e isso só acontece quando o amor é posto à prova. Na teoria, tudo é muito simples; talvez esse seja o motivo pelo qual as pessoas façam seus votos no altar com tanta facilidade. Não refletem na seriedade do que estão falando e no fato de que as promessas feitas são para a vida toda, para todos os momentos. Esses votos só poderão ser cumpridos em sua totalidade se houver amor.

Pense comigo: será possível um casamento sobreviver se as partes não estiverem dispostas a viver assim? Como a relação se sustentará naqueles momentos em que somente essas marcas do Ágape podem trazer a estabilidade necessária?

Você e eu sabemos que ninguém deseja passar por dificuldades. Os desafios da vida já nos incomodam tanto, não é mesmo? Mas, de fato, esses desafios e dificuldade existem e precisam ser vistos com olhos positivos, com os olhos da fé, da esperança e do amor, como bem disse o apóstolo no texto que estamos lendo.

Uma das maneiras de encararmos as lutas positivamente é enxergá-las como algo que vem para moldar nosso caráter, ajustar e fortalecer nosso relacionamento. Não quero dizer que devemos desejar ou mesmo buscar dificuldades em nosso matrimônio. Não é necessário, porque elas vêm de qualquer forma. O que afirmo é que devemos considerar essas situações indesejadas como uma oportunidade de aprender a depender de Deus e experimentar, na prática, que ele está no controle de tudo. Como vimos acima, nessas situações ele trabalha para o nosso maior bem, que é produzir o caráter de Cristo em nós.

Os abalos pelos quais os casamentos passam nos dias de hoje são uma ameaça frequente. Vícios, problemas de saúde e crises financeiras, por exemplo, podem ser a gota d'água em um relacionamento que não está firmado em Deus. Nesses casos, é bastante elevada a probabilidade de a desistência ser a primeira opção a se considerar.

Em situações como essas, não é fácil ter fé quando parece não haver mais esperança. Porém, com o Ágape isso é possível, pois ele ajudará no árduo caminho de restaurar um patrimônio, a saúde ou até o próprio casamento. Para quem possui o amor sacrificial, desistir não é uma opção.

Já afirmei que cada caso é um caso. Estou falando genericamente de situações difíceis. Sei que, infelizmente, o pecado pode afetar alguns casamentos a ponto de a restauração não ser possível. Nesses casos, porém, o amor ainda pode vencer.

Cristo, em sua demonstração infinita de amor por nós, fez nova todas as coisas. Ele nos estende a possibilidade de experimentar o Ágape mesmo diante de um casamento fracassado, porque é esse o amor que ele tem por nós. Jesus descortina perante nossos olhos um futuro perfeito, sem pecado nem decepções, ao lado dele. O Senhor nos chama a confiar e descansar sob seu cuidado, dando-nos a certeza de que os votos que ele nos fez serão cumpridos. Na sua presença, podemos suportar os momentos de tristeza mais agudos, porque ele é nossa alegria que dura eternamente.

É maravilhoso e, na verdade, um mistério o fato de a Bíblia comparar essa união eterna com Cristo ao casamento entre um homem e uma mulher (Efésios 5:25-32). Essa união só foi possível porque Jesus derramou, sem medida, o Ágape sobre seu povo e cobriu, assim, muitíssimos pecados (1Pedro 4:8). Tanto o meu casamento quanto o seu são convidados a espelhar, em tudo, esse amor de Cristo pela igreja, mostrando ao mundo que o amor não é um simples sentimento, ele é real e vive entre nós.

Conclusão

Todas as pessoas morrem. Não deixe sua felicidade depender de alguma coisa que você poderá perder. Se o amor é para ser uma bênção, e não uma tristeza, ele deve ser dedicado à única pessoa Amada que nunca morrerá.

Os quatro amores[1]

Receba o amor perfeito

Em minha experiência como conselheiro de casais, percebi que, de fato, cada caso será sempre um caso. Nenhum relacionamento é igual ao outro, e cada um precisa ser visto de maneira singular. Digo isso a fim de asseverar que as orientações que dei ao longo do livro devem ser balizadas pelo uso do bom senso, aplicadas dentro do que for pertinente a cada caso.

Porém, o que posso afirmar, sem sombra de dúvidas, é que o casamento necessita, sim, desses quatro pilares, dessas quatro faces do amor para se sustentar e vicejar por anos. Muitos dos casamentos que acompanho estão sustentados em uma única face, sem a complementação das demais. Como temos visto, o cônjuge-amante não satisfaz o outro em todas as situações, como também não o faz o cônjuge-amigo ou o cônjuge-irmão. Combinar duas ou até três faces do amor não levará o casamento à plenitude da qual ele pode desfrutar. A completude vem da presença das quatro faces do amor, incluídas e enraizadas no casamento. Todo esforço nesse sentido é importante, sem exceções.

Também é imprescindível que cada parte saiba que o casamento é uma oportunidade única, uma chance singular de partilhar sua vida com outra pessoa. Fazemos isso quando prometemos permanecer juntos em toda e qualquer situação. Essas promessas, quando não são feitas no vazio superficial das emoções, conduzem a uma vida de transparência e interdependência. Ao vivermos assim, carregamos em nós o outro, com suas confissões, dramas e seus desafios. De certa forma, vivemos no outro, como ele também está em nós. Essa é a tal cumplicidade do casamento, que nos ajuda a descobrir a riqueza que nosso cônjuge possui e vice-versa.

Tenho dito em diferentes oportunidades, e faço questão de repetir aqui, em meus conselhos finais, que casamento é quando duas pessoas se tornam uma só, em todas as dimensões. Partindo desse ponto, o matrimônio vem a ser a relação mais íntima entre dois seres humanos. Existe, é claro, um processo de crescimento nessa intimidade, que acontece de forma gradual.

Quando as expectativas quanto ao casamento se concentram somente em dar uma bela festa, em ter uma vida confortável, morar em um apartamento completo, ter casa na praia, carro do ano e outras futilidades, o relacionamento não sai da superficialidade. Sim, essas coisas podem ser boas, mas não chegam ao cerne do que realmente é o relacionamento conjugal.

Se o casal está concentrado apenas em alcançar esses objetivos, ele se esquece de que dentro do apartamento montado e do carro do ano, entre outras coisas, estarão duas pessoas bastante diferentes. Possuem um histórico familiar, um padrão de educação e formação, valores e prioridades muito diferentes. Isso jamais pode ser esquecido, sob pena de tudo ruir com muita facilidade.

Agora, se a expectativa do casal é realmente atravessar a vida juntos, custe o que custar, ele verá a necessidade de desenvolver um amor equilibrado que envolva todos os aspectos da vida conjugal.

Um amor que se comporte como amante, mas também como irmão e amigo, culminando no amor incondicional ao próximo. Esse é o amor verdadeiro, funcional, completo. O amor que entende o outro dentro de sua perspectiva e que não passa a vida inteira numa batalha interminável, tentando mudá-lo. Não seria essa a primeira e grande lição de um casamento?

Mesmo diante de nossa maior boa vontade, ninguém permanece a mesma pessoa todo o tempo. O processo de amadurecimento leva a mudanças e ajustes no caráter do ser. Além disso, as próprias circunstâncias mudam. O amor completo, em suas quatro faces, terá vital importância em cada um desses momentos.

Infelizmente, a visão que temos do casamento está mais baseada em mitos que a sociedade imprimiu em nosso inconsciente do que na realidade. Crescemos ouvindo e achando que o príncipe encantado encontrará a princesa e ambos viverão felizes para sempre. Mas e se não viverem felizes para sempre, que é o que acontece tantas vezes em muitos casos? Entra em cena um segundo mito, que fala da existência de uma alma gêmea. O príncipe encontrou a princesa errada, então eles têm de se separar para que cada um encontre o seu par certo.

Esses mitos são reproduzidos em todas as formas e geram a impressão de que o amor completo é algo que *acontece*, como quando a flecha do Cupido atinge sua vítima. Somos levados a crer que contribuímos em pouco, ou quase nada, com o amor. Ele simplesmente acontece.

Nos primeiros meses de relacionamento conjugal, na primeira discussão acalorada sobre coisas banais, como, por exemplo, qual deve ser o lugar de deixar a roupa suja, não é preciso muita perspicácia para perceber que os mitos não têm lugar na vida real. O amor não acontece simplesmente; é preciso empenho e esforço das duas partes para que o casamento persevere.

Some-se aos mitos o fato de vivermos em uma sociedade consumista, imediatista e focada no prazer próprio. Somos bombardeados com informações que dizem que se o preço do casamento é alto demais em função do que ele oferece, então não vale a pena lutar.

É por isso que quando um relacionamento acaba, nunca é por algo pontual. Não foi um único evento que trouxe fim. Ele é fruto de um processo de erros e más escolhas desenvolvidos ao longo do tempo, potencializado pela ausência do amor completo e maduro. Nesse ponto, muitos dizem que "O amor acabou", mas não param para perceber que nunca houve amor real.

O *Soneto 116*, do famoso escritor inglês William Shakespeare, faz uma interessante abordagem poética e, de certa forma, profunda sobre esse assunto.

De almas sinceras a união sincera
Nada há que impeça: amor não é amor
Se quando encontra obstáculos se altera,
Ou se vacila ao mínimo temor.

Amor é um marco eterno, dominante,
Que encara a tempestade com bravura;
É astro que norteia a vela errante,
Cujo valor se ignora, lá na altura.

Amor não teme o tempo, muito embora
Seu alfanje não poupe a mocidade;
Amor não se transforma de hora em hora,

Antes se afirma para a eternidade.
Se isso é falso, e que é falso alguém provou,
Eu não sou poeta, e ninguém nunca amou.

Se o relacionamento treme diante da menor dificuldade, se demonstrar bondade e gentileza ao outro é pedir demais, temo afirmar que tal relação está baseada em outra coisa que não o amor.

O casal Nicky e Sila Lee, em *O Livro do casamento*, afirma que muitos casamentos acabam não por incompatibilidade, mas porque o marido e a mulher nunca descobriram o que fazia o casamento funcionar. Acham que planos para o futuro, dinheiro ou filhos são capazes de manter a união, mas nenhuma dessas coisas pode substituir o amor. Como vimos, no que dizia respeito à face Ágape do amor, as maiores habilidades ou os mais notáveis sacrifícios não têm valor se não estiverem acompanhados do verdadeiro amor.

Se cultivarmos desde cedo a presença das quatro faces do amor em nosso casamento, e também em nossa família e círculo de amizades, estaremos ajudando outras pessoas a compreender o que realmente é o amor, em todas as suas faces e manifestações dentro da vida humana.

Ainda há muito que dizer sobre amor e casamento, e muito ainda será dito. No entanto, em todos os casos, creio que a Bíblia tem a palavra final sobre o assunto. Nenhum método revolucionário de comunicação conjugal, de planejamento financeiro, de criação de filhos ou de qualquer outro assunto presente no casamento terá sucesso se prescindir do amor perfeito. Sem a revelação do amor perfeito que emana diretamente do coração de Deus, não poderemos saber onde temos de chegar, e tampouco teremos a energia necessária para percorrer o caminho.

Você pode pensar que se trata de algo inalcançável por estar longe de Deus. Sim, parece mesmo que estamos distantes, e não é difícil perceber o quanto, pois conhecemos nossas muitas limitações. Nesse ponto, tenho de concordar com você. Mas você haverá de concordar comigo que "longe" não significa inalcançável. Podemos, por exemplo, alcançar os lugares mais longínquos da terra. Basta conhecer o meio de transporte adequado para chegar lá.

Dessa forma, a distância a que o amor perfeito está de nós é a distância de três letras: S-I-M.

Eu explico. O amor é de Deus. Como já afirmamos, estamos bem distantes dele. Porém, esse Deus amoroso arquitetou um plano e trouxe a melhor notícia que o universo poderia receber: "o Reino de Deus está entre vocês" (Lucas 17:21).

Em seu ministério, Jesus anunciou e inaugurou o Reino de Deus entre os homens. Com isso, a distância chegou ao fim. Uma vez que o reino do amor perfeito está entre nós, podemos simplesmente nos lançar para dentro dele.

Com a chegada desse Reino e de seu Rei, todas as mudanças podem ser alcançadas. Todo perdão pode ser estendido. Está ao seu alcance toda dimensão de paz, perseverança, paciência, zelo, ternura e tudo mais de que você precisa para trazer equilíbrio para sua vida e para seu casamento.

Para ter acesso a tudo isso, basta dizer SIM ao convite do Rei: "Venham a mim, todos os que estão cansados e sobrecarregados, e eu lhes darei descanso. Tomem sobre vocês o meu jugo e aprendam de mim, pois sou manso e humilde de coração, e vocês encontrarão descanso para as suas almas. Pois o meu jugo é suave e o meu fardo é leve" (Mateus 11:28-30).

Esse é o convite que Jesus estende a todos aqueles que necessitam desesperadamente de um amor incondicional em sua vida. Ele convida as pessoas que estão cansadas de tanto tentar buscar e dar amor, sem sucesso, a se libertarem do peso do fracasso e experimentarem o amor verdadeiro em sua própria fonte. O amor-Dádiva, sem qualquer custo, está à disposição para suprir os corações mais carentes e necessitados de amor.

Quando dizemos SIM a esse convite, colocamo-nos debaixo de uma nova ordem. Vemos nossa vida e nosso casamento por meio da perspectiva de Jesus e conseguimos abandonar o orgulho e o egoísmo que fazem parte da ordem antiga, do dia a dia de nossa sociedade decaída. Passamos a considerar os valores e princípios de outra comunidade, governada por um Rei de amor e paz. Tudo está ao seu alcance para ser experimentado agora. Mas o SIM se faz necessário.

Não estou dizendo que suas dificuldades acabarão quando você aceitar fazer parte desse novo Reino. O que afirmo é que, ao dizer SIM para o convite de Jesus, abrem-se diante de você todas as possibilidades que antes estavam além do seu alcance. Ao dizer SIM, além de provar o perfeito amor-Dádiva e ser curado por ele, esse próprio amor passa a viver dentro de você e pode fluir do seu interior para a vida das pessoas que estão ao seu redor. Você, então, passará finalmente de receptor para doador e transmissor deste amor.

No momento em que você se achegar a Deus por meio do SIM ao convite feito pelo rei Jesus, terá enxertado em si todas as possibilidades desse amor que é perfeito, assim como Deus é perfeito.

Por isso, meu conselho final, e o melhor conselho que posso lhe dar, é que você receba Jesus Cristo em sua vida, submeta-se aos valores dele — o "jugo suave" e o "fardo leve" — e perceba que a direção de todos os seus relacionamentos, especialmente o seu casamento, se alinhará com o propósito de Deus.

A jornada pode não ser a mais fácil, mas é a inserção desse amor em seu ser que trará todas as possibilidades de Deus para sua vida. Nada acontecerá de imediato. Porém, pouco a pouco, você será inundado por esse amor o qual se manifestará em sua vida e em seu casamento. Estou até ansioso por saber qual será sua decisão. Que Deus o abençoe!

Notas

Capítulo 1

O Amor nas Escrituras

1. Lewis, C. S. *Os quatro amores*. Rio de Janeiro: Thomas Nelson Brasil; 2017. p. 29.
2. Ibid. p. 11.

Capítulo 2

A face Eros — Meu cônjuge, meu amante

1. Lewis, C. S. *Os quatro amores*. Rio de Janeiro: Thomas Nelson Brasil; 2017. p. 129.
2. Piper, J. *Casamento temporário*. São Paulo: Cultura Cristã; 2011. p. 112, 113.
3. O'Donnell, D. S. *The Earth is Crammed with Heaven: four guideposts to reading and teaching the Song of Songs*. [A Terra está recheada de céu: quatro diretrizes para ler e ensinar Cântico dos Cânticos]. Themelios, v. 37, n.1, p. 21, 2012. Disponível em: <tgc-documents.s3.amazonaws.com/themelios/37-1/Themelios37.1.pdf#page=22>. Acesso em: 17 de julho de 2017.
4. Ibid. p. 30.

5. Piper, J. *Casamento temporário*. São Paulo: Cultura Cristã; 2011. p. 113.

6. O'Donnell, D. S. *The Earth is Crammed with Heaven: four guideposts to reading and teaching the Song of Songs*. Themelios, v. 37, n.1, p. 31, 2012.

7. Piper, J. *Casamento temporário*. São Paulo: Cultura Cristã; 2011. p: 118.

8. O'Donnell, D. S. *The Earth is Crammed with Heaven: four guideposts to reading and teaching the Song of Songs*. Themelios, v. 37, n.1, p. 25, 2012.

9. Just1clickaway: a resource from Josh McDowell ministry [homepage]. Disponível em: <www.just1clickaway.org/portuguese. html>. Acesso em: 21 de julho de 2017.

Capítulo 3

A face Philia — Meu cônjuge, meu amigo

1. Lewis, C. S. *Os quatro amores*. Rio de Janeiro: Thomas Nelson Brasil; 2017. p. 92.

2. Ibid. p. 95.

3. Entrada "phílos". Disponível em: <biblehub.com/greek/5384. htm>. Acesso em: 26 de julho de 2017.

4. Lewis, C. S. *Os quatro amores*. Rio de Janeiro: Thomas Nelson Brasil; 2017. p. 84.

5. Ibid.

6. Keller, T. Sermão "Friendship". Disponível em: <www.youtube. com/watch?v=8Tc4VIQrXdE>. Acesso em: 26 de julho de 2017.

7. Cambridge Bible for Schools and Colleges. 1Samuel 18. Disponível em: <biblehub.com/commentaries/ cambridge/1_samuel/18.htm>. Acesso em: 6 de agosto de 2017.

8. Redação Donna. Amizade conjugal: estudo revela que quem considera o cônjuge seu melhor amigo é mais feliz no casamento. *Revista Donna*, março de 2015. Disponível em: <revistadonna.clicrbs.com.br/comportamento-2/amizade-conjugal-estudo-revela-que-quem-considera-o-conjuge-seu-melhor-amigo-e-mais-feliz-casamento/>. Acesso em: 25 de julho de 2017.

9. Gottman, John. *Sete princípios para o casamento dar certo*. São Paulo: Objetiva, 1999.

Capítulo 4

A face Storgé — Meu cônjuge, meu irmão

1. Lewis, C. S. *Os quatro amores*. Rio de Janeiro: Thomas Nelson Brasil; 2017. p. 57.

2. Entrada "στέργω". Disponível em: <logeion.uchicago.edu/index. html#στέργω>. Acesso em: 9 de agosto de 2017.

3. Lewis, C. S. *Os quatro amores*. Rio de Janeiro: Thomas Nelson Brasil; 2017. p. 58.

4. Entrada "astorgos". Disponível em: <biblehub.com/greek/794. htm>. Acesso em: 9 de agosto de 2017.

5. Entrada "philostorgos". Disponível em: <biblehub.com/greek/5387. htm>. Acesso em: 9 de agosto de 2017.

6. Stetzer, Ed. *Why leadership matters for small groups?* [Por que a liderança é importante em grupos pequenos?]. Disponível em: <www.christianitytoday.com/edstetzer/2015/april/why-leadership-matters-for-small-groups.html>. Acesso em: 15 de agosto de 2017.

7. Stoudt, B. *Six ways to pursue spiritual intimacy in marriage*. [Seis maneiras de buscar intimidade espiritual no casamento]. Disponível em: <www.desiringgod.org/articles/six-ways-to-pursue-spiritual-intimacy-in-marriage>. Acesso em: 10 de agosto de 2017.

8. Piper, J. *Casamento temporário*. São Paulo: Cultura Cristã, 2011. p. 49.

9. Martin, R. P. *Colossenses e Filemom: introdução e comentário*. São Paulo: Vida Nova; 1991. p. 124.

10. Piper, J. *Lionhearted and lamblike: the christian husband as head, Part 2 — What does it mean to lead*. [Coração de leão e aparência de cordeiro: o marido cristão como cabeça, Parte 2

— O que significa liderar]. Disponível em: <www.desiringgod.org/ messages/lionhearted-and-lamblike-the-christian-husband-as-head-part-2>. Acesso em: 17 de agosto de 2017.

Capítulo 5

A face Ágape — Meu cônjuge, meu próximo

1. Lewis, C. S. *Os quatro amores*. Rio de Janeiro: Thomas Nelson Brasil; 2017. p. 176.
2. Todas as explicações sobre termos em grego e sua tradução foram extraídas de estudos e comentários disponíveis no site BibleHub: Disponível em: <biblehub.com>. Acesso em 19 de setembro de 2017.
3. Bible Hub. 1Corinthians 13 [1Coríntios 13]. Disponível em: <biblehub.com/commentaries/meyer/1_corinthians/13.htm>. Acesso em: 10 de agosto de 2017.

Conclusão

Receba o amor perfeito

1. Lewis, C. S. Os quatro amores. Rio de Janeiro: Thomas Nelson Brasil, 2017. p. 162.

Este livro foi impresso pela Intergraf, em 2017, para a
Thomas Nelson Brasil. O papel de miolo é avena $80g/m^2$,
e o da capa é cartão $250g/m^2$.